どの子も
必ず身につく

書く力

森川正樹
著

学陽書房

はじめに

　あなたのクラスに、何か活動しようというと、すぐに「え〜」とか「いやだ」などと言う子はいませんか？
　そんな教室の空気をプラスに激変させる良い方法があります。
　「書くこと」の指導を変えるのです。
　「書くこと」は、目に見えて"成果物"が残ります。つまり、成長した自分を目の当たりにできるのです。
　"書ける"体験をした子は"自信"がつきます。
　"自信"はその子の他の部分も大きく成長させます。何事にも積極的になってきます。
　"書ける自分"を発見することは、学習場面でのその子の"居場所"を作ることを意味します。
　居場所ができれば、その子自身が落ち着いてきます。
　クラス全員が、書けた！　という事実から自信を得て、クラス全体が落ち着いてくるのです。
　また、「挑戦したらできる」ということを「書くこと」を通して実感しているので、何事にも積極的になるのです。
　このような"プラスの連鎖"は、全て「書くこと」指導を少し角度を変えて行うことで、実現できます。

　この本は、実際に子どもたちが意欲的に取り組んだ「少し角度を変えて行う書くこと指導」をまとめたものです。
　内容は、「スキマ時間活用で書く」「目的に応じて書く」「ノート作りや日記指導」「クラス作りにつながる指導法」「書き手としての教師自身の話」など盛りだくさんです。
　これ、教室でやってみよう！　という部分からどんどん導入してみてください。
　子どもたちの「書くこと」に対する意識が変わり、クラスの雰囲気が変わってくるのを感じていただけると思います。

そのときに大切なのは、「先生自身が楽しんでいること」。
　先生の気持ちは不思議と子どもに伝わるものです。
　表情や、語り口調、身振り手振りで"楽しさ全開オーラ"を出し、子どもたちと「書くことの世界」に浸りましょう。
　私自身が、現在も色々な書くことの指導を試してはほくそ笑み、楽しんでいるところです。

「先生、もう１回書き直して良いですか？」
「先生、日記読んで！」
「先生、日記を宿題にしてください！」

　今日もこのような子どもたちの声が教室に響きます。
　「書くこと」は「知的な遊び」。そう考えて新任の頃から子どもたちに、様々な「書くこと」の場を設定してきました。

　以下は、現在担任している４年生の２名の子どものやり取りです。
　「見開きのまとめ」を一人の子が私に提出しにきました。私は「Ａ（合格）」と評定しました。その子が元の席に戻ろうとすると、私の横でその様子を見ていた別の子がその子にこう言いました。

　「それで納得するの？」

　評定はＡより上の「Ｓ（すばらしい）」や「Ｋ（キング：まいりました）」もあります。やり取りを見ていたその子は、「さらに上を目指さないの？」ということを仲間に言ったのです。私はとても驚きました。
　このように、「書くこと」指導は「書くことの技術向上」にとどまりません。むしろ、その子自身の様々な"やる気"に火をつけるのです。
　さあ、教師も子どもも"楽しんで書く毎日"の始まりです！

２０１３年７月

森川正樹

> いま、あなたのクラスは、
> こんな感じではありませんか？

子どもたちに「書きなさい」と言っても、
なかなか書こうとしない…

「書くこと」指導をすれば1ヶ月で、クラス全体がこんなに変わります!

どのクラスでもカンタンにできて、
子どもたちの"やる気"がグンと上がります!

**えっ! ホント?? というあなた、
ぜひこの本を読んでみてください!**

こんなに書けるように なりました!!
~一人の子の成長例（4年生）~

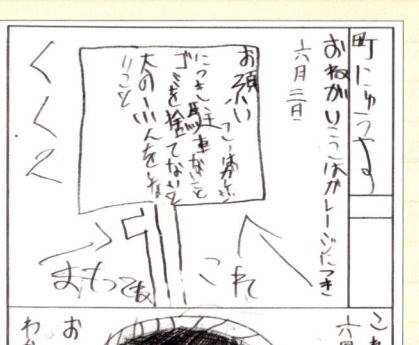

6月A4サイズ
（106文字）
ここからスタート
しました。

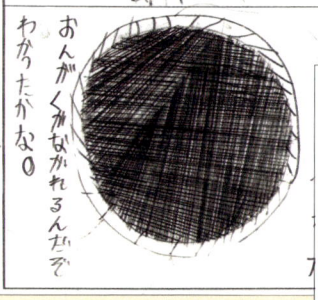

7月B4サイズ
（299文字）
だんだん書ける
ようになってき
ました！

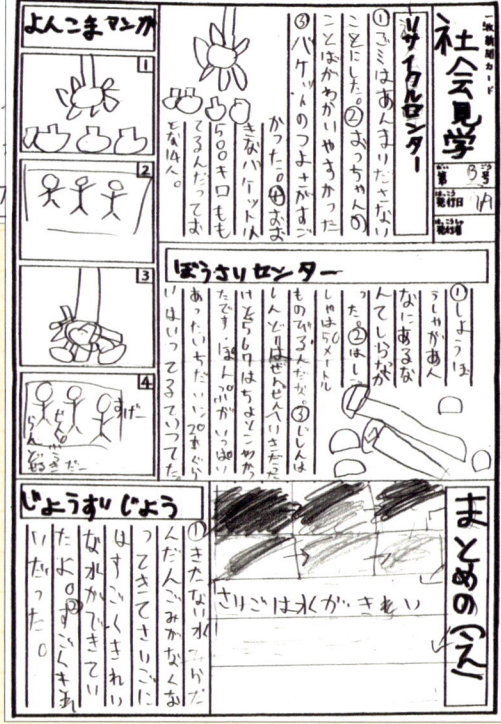

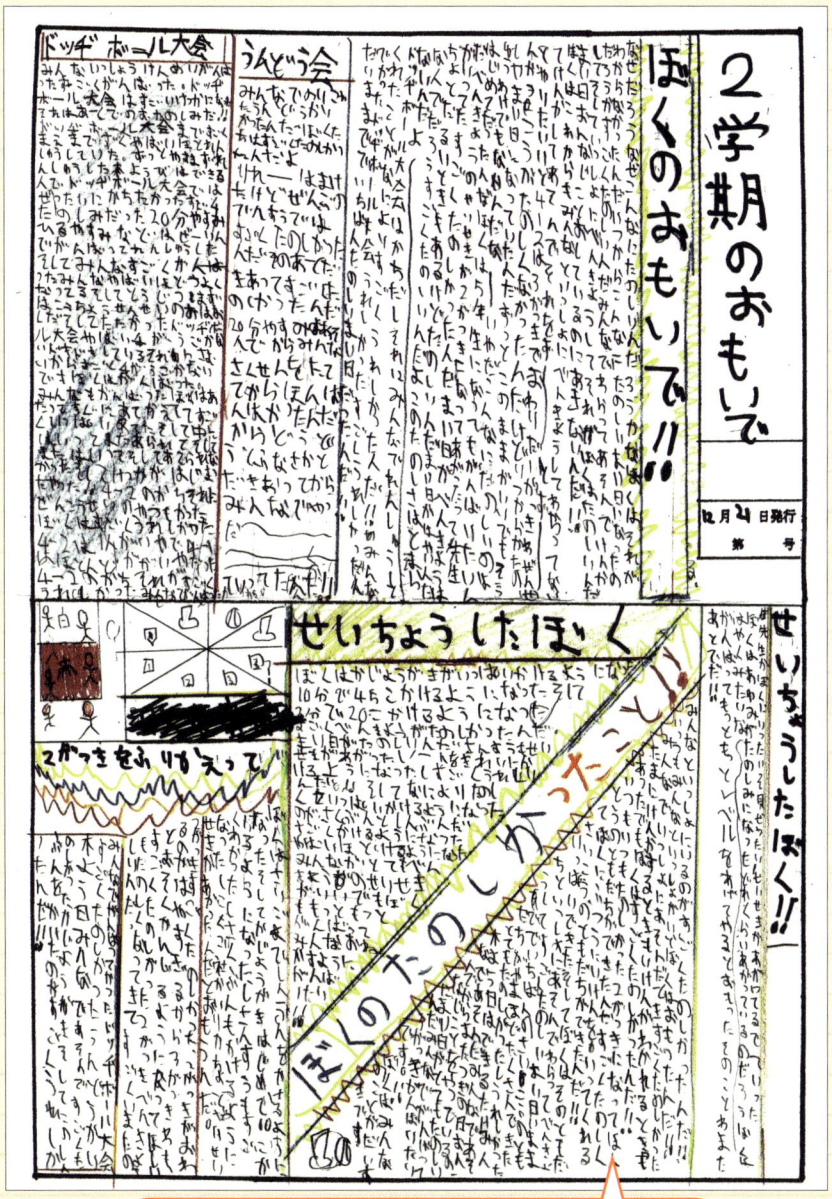

12月B4サイズ（2222文字）に！
書くことで自信をつけ、成績も上がりました!!

※詳しくは30ページへ！

どの子も必ず身につく　書く力　目次

はじめに …… 2

第1章 クラス全員が「書きたくてたまらない子」になった！

1. 「書くこと」指導1年間の進め方 …… 14
2. 「望むところだ！」のクラスを実現する方法！ …… 16
3. "どうしても書けない子"からの出発 …… 18
4. "強い思い入れ"と"遊び心"が子どもを変える！ …… 20
5. クラスが大笑いになる『私の考えた答えはコレだ！』 …… 22
6. "ちょっとした非日常"を作り出せ！ …… 24
7. 「書くこと」到達目標を設定する …… 26
8. 「書くこと」も学級の全ての出来事が関係している …… 28
9. 106文字から2222文字へ 〜一人の子の成長から〜 …… 30

第2章 「スキマ時間」を使い込んで書く「作文レシピ」！

1. まずは言葉集めから！『言葉幕の内』 …… 34
2. 「書くこと」の土台になる！　箇条書き大作戦 …… 36
3. 遊び寸書き『こんなこと考えていました！』 …… 38

4 ▶ プリントの裏にも『ミニミニ書くこと』を！ …… 42

5 ▶ 「聴写」は偉大なる学習活動！ …… 44

6 ▶ メモの達人になろう！ …… 46

7 ▶ 辞書と「書くこと」 …… 48

8 ▶ エッセー100のお題！ …… 50

9 ▶ 遊び寸書き『小学生悩み相談所！』 …… 52

10 ▶ おしゃべり記録タイム …… 54

11 ▶ 「わかちあい」〜仲間や先輩の作品から学ばせる〜 …… 56

第3章 もっと"書く力"をつける「作文レシピ」！

1 ▶ 文章の名づけ親になろう！ …… 60

2 ▶ 「書かせる媒体」と「作品を見るコツ」 …… 62

3 ▶ レシピ『キーワード作文』・『クロスワード作文』 …… 64

4 ▶ 「ウソ作文」追放?! …… 66

5 ▶ 文章を飾るときは「大げさ」「ローカル」で！ …… 68

6 ▶ 「行事作文」は腕試し！ …… 70

7 ▶ 文章の決まり指導と推敲は『ダウトをさがせ！』 …… 72

8 ▶ 説明文を「書き足す」 …… 74

9 ▶ 拝啓筆者様 〜クリティカルに読み、書く〜 …… 78

10 ▶ 作文たしかめ「セルフチェックシート」…… 80

11 ▶ 作文の評価基準 …… 82

12 ▶ 「つながりのある文章」を書く練習 …… 84

13 ▶ 1つのテーマで"2通り"書かせる …… 86

14 ▶ 言葉をマッチさせる！『言葉で写真加工?!』…… 88

15 ▶ 『観察記録文』を書こう …… 90

16 ▶ 『お話（物語）』を書く …… 92

17 ▶ ブックトーク原稿を書く …… 96

18 ▶ 共同で読んでいく『ペア書き込み』…… 98

19 ▶ 文章完成後の交流メニュー！ …… 100

20 ▶ 『分析文』を書く …… 102

21 ▶ 効果のある「個別指導」…… 104

22 ▶ 「話す」と「書く」連動レシピ『連続おしゃべり』…… 106

第4章 楽しく"書く力"をつける ノート指導と「バラエティ日記」

1 ▶ 「愛着ノート」を作る …… 110

2 ▶ ノート見開きのまとめ …… 114

3 ▶ 『聞き取りノート』の作り方 …… 116

4 ▶ 熱中！『バラエティ日記』…… 118

5 『バラエティ日記』の進め方と「お題一覧表」…… 120

6 日記を活用しつくす！…… 124

7 「日記の振り返り」を書かせよう …… 126

8 『バラエティ日記』様々な"オプション"！…… 130

第5章 「書くこと」でよりよい学級に

1 教師自身が"書き手"になる① 『授業記録』『学級便り』
　…… 134

2 教師自身が"書き手"になる② 『メモ術』…… 136

3 「書くこと」でクラスを変えていく …… 138

4 子どもと先生を成長させる『マイ言葉辞典（発展形）』…… 140

おわりに …… 143

クラス全員が「書きたくてたまらない子」になった！

「書くこと」指導 1年間の進め方

まずは書き慣れることから始めましょう。
それが書く楽しさにつながっていきます。

 まずは「書き慣れ」とプラスの「固定観念」作り

　まず「書くこと」のスタートは、「書き慣れ」です。それも"楽しい"書くことをたくさん導入します。第2章のスキマ時間に行えるようなレシピ（「箇条書き」「遊び寸書き」など）をどんどんやります。

　また、子どもたちはマイナスの「書くこと」に対する固定観念を持っていることが多いです。「自分は書けない」「難しい」「書くことがない」などなど。それを、「書くって楽しい」「書けるんだ」「仲間が書いた作品を聞くのって楽しい」という**プラスの固定観念に変えさせる**のです。まずは主にそのことに力を注ぎます。

 慣れてきたら「書き方」や「決まり」へ

　次に書くことに慣れてきたら、「文章の書き方」や「文章の決まり」に入っていきます。原稿用紙の使い方などもそうですね。私は最初は3点セットといって「題名は2、3マスあけて書き出す」ことや「名前を書く場所」「書き出しは1マスあけて」などの基本から教えます。

　書き方を教える際は、教科書教材の説明文を学ばせるときに段落のことを教えておき、それをそのまま日記を書くときにも活用して練習させるなど、抱き合わせだと無駄がないです。88ページにも書いていますが、理科や社会科などの他教科のときも"練習・活用しどき"です。

最終的には「自分の主張」「相手意識」「目的意識」

　学年にもよりますが、最終的には自分の主張が書けたり、相手意識を持って、目的に応じた内容が書けたりするように場を設定します。担当学年の子たちに応じて、論理的に文を書く力をつけさせたいから「意見文を書かせてみよう」とか、想像力を膨らませ、柔軟な発想をさせたいから「物語の続きを書かせてみよう」などと決めて取り組みます。

1　書き慣れる（書きたくてたまらない身体（からだ）を作る）
　　↓
2　書き方や決まりを習得する
　　↓
3　自分の主張、相手意識、目的意識を持って様々な種類の文章を書く

※常に「楽しく書く」ことをスキマ時間に取り入れる。
※他教科で箇条書きや、説明文の書き方などを活用する。
※「書くこと」は「考えること」という意識で、ことあるごとに書かせる。

 クラスの実態に応じて、
まず「書き慣れ」を！
楽しくなってきたところで、
主題に移る。

「望むところだ！」の クラスを実現する方法！

何事も「マイナスの言葉」を排除してから。
そして「望むところだ！」のクラスにしましょう。

 ## 「マイナスの言葉」を徹底排除する

「書くこと指導」に限りませんが、まず徹底して意識していくべきことは、「マイナスの言葉を言わせない」ということです。何か活動しようというときに、ほぼ反射のように、「え〜」とか、「だるい」などという子がいます。それまでそういうことにあまり厳しく注意されてこなかった子です。このような「マイナスの言葉」を排除するためには、まず、担任の先生が方針を語ります。「**文句からは何も生まれない。何かをしようというときに『え〜』とか、『いやや』とか言ったら教室の空気が変わってしまう。それを『マイナスの言葉』と言います。確かにいやだなあ、と思うことはあるだろうけれど、それでも『マイナスの言葉』は言わないようにしよう。先生は何事もまずはアタックしてみるクラスにしたいんだ。**」と話すのです。そして、そのような発言があったらすぐに注意します。そうすると、次第に周りの子たちが注意してくれるようになります。「マイナスの言葉やで！」と。

 ## 「望むところだ！」のクラスに！

前のように、「マイナスの言葉」を排除していくと、活動のスタートがまるで変わってきます。教師も子どもたちも精神的にラクになるのです。まずはそこからです。何事も「望むところだ！」を合い言葉に活動

していけるクラスは強いです。教師は、揺るがない信念で、「先生が、絶対にみんなが簡単に作文を書けるようにする。頑張る。」と言います。その言葉あっての「望むところだ！」であることをつけ加えておきます。

 ### さらなる"詰め"

　ここからが肝心です。クラスのルールが徹底しない多くのケースは、原因が共通しています。「評価しない」ことです。私たち教師は、子どもたちの「できないこと」ばかりに目がいきがちです。しかし、肝心なのは「できたとき」です。ここを見逃してしまわないようにします。

　マイナスの言葉を言わずに何かを始めることができたとき、またはマイナスの言葉をたしなめてくれたときに、すかさず「頑張ろうという気持ちが表れているなあ」とか、「今、仲間にそういうこと言わない方がいいよって言ってくれた人がいたでしょ。そういう声が良いクラスを作っていくんだ。」というようにすかさず声かけをします。**できたときこそ、しっかりと認め、価値づけする**。それが大切です。

> **ポイント**
>
> まずは「マイナスの言葉」を退治する！
> "できたとき"こそ、しっかりと声かけを！

3 "どうしても書けない子" からの出発

まずは教師自身が「書くこと」に対する夢を描きましょう。
そして書けない子の気持ちから始めましょう。

「書くこと」は人生を豊かにする

　「書くこと」は「知的な遊び」だと私は思っています。それも人生を豊かにしてくれる遊びです。子どもたちには毎年「書くって楽しいんだよ」「書くことは遊びなんだ」ということを伝えるようにしています。
　「書きたくてたまらない」「つい書いてしまった」というような教室になるには、まず「空気を吸うように書いている集団」を作ること。加えて「そうなりたい」と子どもたちに語るのです。
　給食を食べるように書いている。ドッジボールをするように書いている。そのような光景が繰り広げられることを想像してのスタートです。

目の前の子に何ができるか

　自分が関わっている目の前の子に何ができるか。
　自分はこの子たちにとってどのような存在なのか。その軸さえぶれなければ、子どもたちに誤った接し方をすることはありません。
　書くこと指導でもそれは同じ。クラスには、どうしても書けない子、書こうとしない子、書き出せない子が存在します。その子のために自分は何ができるか。できることは全て試すくらいの気概がなくては、クラス全員が書けるようにはなりません。「そんなことはできない…」と思っているあなた。これから紹介するレシピを実践することで、少しず

つ教室の「書くこと」に対する空気が変わっていくことを実感していただけると思います。まずは「先生が必ず書けるようにするから、安心してついてきなさい。」と子どもたちに語るところから始めてみてください。そして、先生自身が面白そうだなと思うレシピを教室で行ってみてください。

"書き出せない子"は、メンタルが大きく影響している

　書き出せない子は、「書けないと思い込んでいる」ことが多いのです。それを取り払ってあげることが最初の大きな仕事です。「この先生となら書くことが好きになれそう」「書けたらこんなに気持ちがいいんだ」ということを実現させていきましょう。

> **ポイント**
> 教師の夢を語ろう！
> 子どもたちの"書くこと"への
> マイナスの思い込みを払拭しよう！

"強い思い入れ"と"遊び心"が子どもを変える！

教師の"思い入れ"は必ず子どもに伝わります。
時には"遊び心"とセットで届けましょう。

 「絶対に書けるようにする！」と宣言する

　まずは、子どもたちの前で教師は自分の思いを語ります。どんな子になってほしいのかを語ります。「書くこと」でいえば、「絶対に書くことが楽しくなるようにする」「書けるようにする」と宣言しなければなりません。これは自分に対して"しばり"をかけることにもなります。"何となく"の１年間にならないための手立てです。子どもたちの感性はすごいです。教師の心構えは空気となって表れるようで、すぐに子どもたちはそれを察知します。「力任せに怒るタイプ」「何を言っても無駄なタイプ」「熱血タイプ」…、ゾッとしますね。しかし、だからこそ、教師の"強い思い入れ"も伝わるのです。

　私たち教師はいわゆる"売り上げ競争"というものがありません。ともすれば、のんべんだらりと過ごしてしまいがちです。しかし、一人ひとりの子どもたちのやる気を上げることから始まって、様々なことに挑戦させ、学力をつけさせ、自分から物事に立ち向かっていく力を身につけさせ、コミュニケーション力を育み、生きる力の素地を育んでいかなければならないのです。実はものすごいミッションです。ですから、「書くこと」でいえば、「必ず書けるようになる」と"強い思い入れ"を熱く語るのです。

BGMも時には効果的

"強い思い入れ"とは、言い換えれば、教師自身が"のめり込んでいる"ということ。のめり込んで行うと何でも楽しくなりますよ。そんなときに冷静になる必要なんかない。また、型にはまる必要もありません。

時にはBGMもかけましょう。モーツァルトのような定番から、葉加瀬太郎さんのバイオリン演奏まで、気が散らない程度のものなら、何でもいいのです。子どもたちはその非日常的な空間に引き込まれていきます。ちょっとしたことなのです。ここで、「小手先の技術だ」などと言ってはいけません。"遊び心"なのです。逆にちょっとしたことで子どもたちがワクワクするような活動ができるならば、どんどん取り入れるべきでしょう。"強い思い入れ"を実現させるため、私はそのような考え方をしています。

ポイント

教師自身が"のめり込んで"
実践しよう！
"遊び心"を忘れずに！

5 クラスが大笑いになる『私の考えた答えはコレだ！』

「書くこと」でクラスが笑いにつながるような活動をしましょう。「書くこと」は楽しいと思わせましょう。

教室に遊びとしての「書くこと」を！

　本章の提案は、クラスが大笑いになる「書くこと」です。"全員で笑うこと"ほど、素晴らしいクラス作りのヒケツはありません。
　「書くこと」が「笑い」を生み出し、教室の空気が良くなります。ニコニコ空間になります。例をあげてみます。

レシピ『私の考えた答えはコレだ！』

　子どもたちが熱中して取り組むのが、『私の考えた答えはコレだ！』です。以下のようなお題を提示し、子どもたちに「　」内の空白に書かせます。

- 富士山のてっぺんに登ってとっても気持ちが良かったから、「　」って、さけびました‼
- 私は世界一の博士。研究していた薬がついに完成した。それは、「　」の薬だー‼
- 今までかくしていたが、私の正体は！「　」なのだ‼
- とつぜん、学校のうさぎがしゃべり出した！　何て言った？
- 友だちというのは「　」のことです。

子どもたちは熱中して書きます。私が小学校2年生で取り組んだときは、宿題にしようと思って配ったら、そのまま熱中して子どもたちが全部書いてしまいました。

 "作品紹介"までやって完結！

　この活動は、ここからが肝心です。書いた作品を全員分集めて教師がどんどん紹介していきます。ニコニコしながらです。面白おかしく紹介すると、教室は爆笑の渦です。盛り上がります。先生も子どもたちと一緒になって思いっきり笑いましょう。

　「全員で思いっきり笑う」。この活動のねらいであり、醍醐味です。子どもたちからは「先生、またやりたい！」「先生、次は？」という声がきっと上がるでしょう。

 楽しく楽しく楽しく！
「書いた」ことが、「楽しい教室」につながる活動を！

6 "ちょっとした非日常"を作り出せ！

子どもの「作文」に対する"予定調和"の上を行く導入やお題を考えましょう。

 "予定調和"を壊す

　子どもたちの胸の中には、「こうあるもの」という様々な学校生活の中での"予定調和"ができあがってしまっています。例えば、「体育大会がすんだら、先生は原稿用紙を出してきて、作文を書きなさいって言うだろうなあ」というものです。我々教師はその思考の上を行かなければなりません。実際の場面で見てみましょう。体育大会が終わり、子どもたちの前で教師が話しています。

教　師：さあ、体育大会終わったねえ。
子ども：（きたよ。作文きちゃうよ〜。）
教　師：今回みんなには「そのときこんなこと考えていました！」
　　　　ということを教えてもらおうと思います。
子ども：え？　何それ？
教　師：田中君、あなた組体操の土台頑張っていたよねえ。あのとき何を考えていたの？
田　中：え〜っと、かなり足が痛かったです…。
教　師：そうそうそんな感じ。それをこの短冊に書いてください。

　このような感じで導入します。
　やり取りの中の、「え？　何それ？」が大切なのです。このような

"ちょっとした非日常"感の積み重ねが、子どもたちの作文に対する固定観念や予定調和を崩していくのです。次第に「次はどんなことをするのだろう」「面白そう」に変わっていきます。

 ## "当たり前のお題" ばかりにならない

前に紹介したような短い文章を書く活動を私は「寸書き」と呼んでいます。詳しくは別項で書きますが、今回の例は、**「こんなこと考えていました！」**です（38ページ参照）。「当たり前のお題」ばかりで書かせるのを避けます。「体育大会」「○○を読んで」「水泳大会の感想」といったお題で書かせることは、もちろん私もします。しかし、最初からそればかりでは、「ああ、またか」となってしまいます。子どもたちが「ん？」と顔を上げるような、ワクワクするようなお題で、短くても良いので書かせるのです。前の例では「短冊」を数枚書かせて、後で1つの作文に再構成することができます。

導入は"非日常"感を持たせて、
子どもたちをワクワクさせる！
「ん？」と顔を上げさせるバラエティ
豊かな「お題」を！

「書くこと」到達目標を設定する

具体的な到達目標を設けて
明確な「書くこと」指導をしましょう。

 ## 学習指導要領を参考にして設定する

それぞれ、学校で学習の到達目標を決定されていると思います。目標到達には、学習指導要領を参考にして、取り組みを明確にしていくことが大切です。以下は、「書くこと」の領域の「目標」「構成」「記述」の部分を学習指導要領準拠で具体的にまとめた「各学年の到達目標（私家版）」です。

	1、2年生	3、4年生	5、6年生
目標	・進んで書こうとする態度を育む。	・工夫しながら書こうとする態度を育む。	・適切に書こうとする態度を育む。
構成	・時系列で書ける。	・段落をつけて書ける。（3年） ・段落関係を考えて書ける。（4年）	・段落関係を考えて、論理的な文章が書ける。（5、6年） ・結論の配置を意識して書ける。（6年） （頭括・尾括・双括）

記述	・ひらがなやカタカナを正しく使って書くことができる。（1年） ・拗音、促音、撥音に気をつけて書くことができる。（2年） ・会話文を正しく書くことができる。（1〜2年）	・理由を入れた文章を書くことができる。（3年） ・理由や事例を入れた文章を書くことができる。（4年） ・文体を統一（敬体と常体）して書くことができる。	・事実と意見を区別して書くことができる。 ・引用したり、図表やグラフを用いたりして書くことができる。

　ここに示したものは、私自身もまだ模索中で随時改訂しております。項目中の「正しく」の内容といったこともそうですが、各学校で、各学年の実態に合わせて決め、達成できれば改訂を繰り返していくものだと思います。

　これらの項目はそのまま「評価基準」となり得ます。各学年で達成率を数値化すれば、次からの指導の焦点がより明確になります。第3章の11（82〜83ページ）に、主に記述面で特化した「評価基準」を取り上げていますので参考にしてください。

ポイント
まずは指導することを明確にする。
到達目標は、具体的に動き出してから随時修正していく。

8 「書くこと」も学級の全ての出来事が関係している

「書くこと」指導は学級経営につながり、
その逆もまた然り、です。

 子どもが動き出す

　クラスの子どもたちには、自治能力を育てていくのですが、これは作文でも同じだなあと考えさせられた出来事がありました。小学校2年生を担任しているときです。その日、音楽会の楽器決めのオーディションで、私を含めた学年の3人の教師は教室から出払って別の部屋にいました。すると、クラス代表が私に質問しにきました。「先生、(自習内容は)どうしましょうか？」バタバタしながら私は、「え～っと、じゃあマラソン大会の作文を書いておいて！」とだけ言い放ちました。すると「わかりました！」と言い残してその子は矢のように去っていきました。オーディションが終わって教室に帰ってみると、全員黙々と作文を書いています。教卓には子どもが用意した原稿用紙が。そして黒板には左の写真の文字が書かれていたのです。この黒板を見たときに私は感心しました。そして全員の手を止めさせてめちゃくちゃ褒めました。まさか、2年生の子たちが、注意事項まで

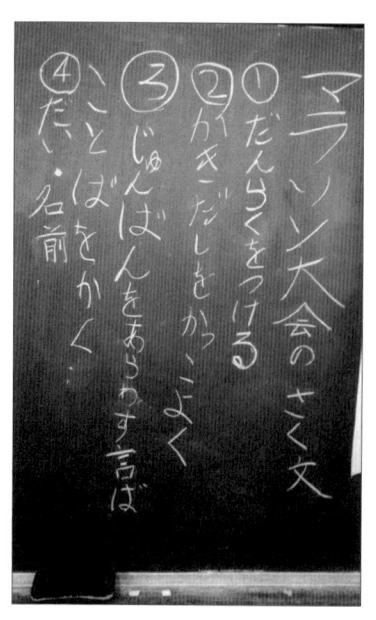

黒板に書いて進めているとは、と感心したのです。クラス代表が国語係と相談して書いたそうです。2学期の終わりの出来事でした。

「書くこと」はクラス全体にも影響する

このように子どもたちが頑張ることができた理由はこう考えられます。

> ①自分たちでどんどん進めていくことが美徳である、快感である、という教室の空気があった。
> ②係が責任感強く仕事をしている（係に徹底的に仕事を任せる。特に、クラス代表は森川よりどんどん仕事をふられ、大いに頼りにされている。そして大いに褒められている）。
> ③教師に褒められる。認められる。教師がものすごく反応する。
> ④教師からの「もう一歩先のことまで予想して動いているとはすごい」という声かけが日頃からある。
> ⑤子どもが真似できる、再現できる指示で普段から指導している。「もう1枚書くこと→おかわり」「格好よく書こう」など。

様々な要因が1つの現象を生み出していきます。「書くこと」の成長もまた、書かせているだけではなく、それ以外に教室の中の空気を上質なものにする日頃からの取り組みが、色濃く反映されてくるのです。

ポイント

「書くこと」で子どもが成長するようにしよう！
「書くこと」指導もまた「学級経営」だ！

9 106文字から2222文字へ
～一人の子の成長から～

「書くこと」は子どもの自信につながり、
学校生活そのものを変える力にもなるのです。

 たった106文字からのスタート

　本書の6ページの左上の新聞は、かつて私が担任していた小学校4年生の子が6月3日に書いた町探検の新聞です。サイズはA4。友だちとも仲良くつきあうことが難しかった1学期。このときもA4の用紙を埋めることができずに苦肉の策で書いたのは、商店街に設置されていたスピーカーについてでした。文字数は106です。しかし、そのような状態だった彼が後々、劇的な変化を起こすのです。

 書けるようになって、その子も変わった！

　きっかけは、「箇条書き」でした。箇条書きの練習をあらゆる題材で始めてからあるとき、彼がクラスで一番たくさん書いたことがありました。初めて勉強シーンで「すげー」と言われて、彼は変わりました。「箇条書き」に命をかけるようになったのです。箇条書きは、どんどん書く量が増えていくので、自分の成長が目に見えてわかります。箇条書きで手応えをつかんだ彼はそのことで自信をつけ、他の勉強の成績も少しずつ向上していきました。何より、他の「書くこと」にも意欲的に取り組むようになったのです。作文も何枚も何枚も書くようになりました。"**俺は書ける**"というプラスの固定観念が彼の中に入ったようでした。**成長が目に見える「書くこと」はその子の学校生活そのものを変える力**を

持っています。私は「書くこと」を学級経営の柱にしています。

　さて、7月の新聞では、彼の文字数は299文字となり、12月に書いた「2学期のおもいで新聞」では、何と2222文字になったのです。構成や言葉の使い方はまだまだですが、何より彼の"意欲""人生に対する姿勢"は圧倒的に変わりました。

　余談ですが、7ページの中央より少し左下に、ぐちゃぐちゃと塗りつぶされたような跡がありますね。そこに何が書いてあったと思いますか？　彼は書いてすぐに消してしまったのですが、どうしても気になって裏から見ました。するとそこには、「みんなありがとう」と書いてあったのです。彼のこの新聞は私の「書くこと指導」の原点でもあり、今でも私を激励してくれています。

ポイント

「書ける身体（からだ）」の獲得は、
人生を変える！

「スキマ時間」を使い込んで書く「作文レシピ」！

まずは言葉集めから!
『言葉幕の内』

一度に様々な種類の「言葉集め」を楽しませましょう。
言葉の"幕の内弁当"です。

 ## 「書くこと」の始まり、「言葉集め」

「書くこと」指導で、いきなり原稿用紙に書かせるのは、子どもの意識のあり方を考えていません（調査の場合は別です）。まずは、「言葉集め」から始めます。次項であげている「箇条書き」などもその一環です。

 ## スキマ時間に行う『言葉幕の内』

ここでは、言葉集めの取り組みとして『言葉幕の内』をご紹介します。専用のワークシートを作り（右ページ）、お題に従って言葉をうめるという作業を、スキマ時間などに取り組ませます。いつも言葉と遊んでいる教室環境を作り出します。

このように、簡単な手書きのワークシートでも良いのです。子どもたちは喜んで行います。このような活動はスキマ時間に行うのがオススメです。例えば自習などのときに、算数や漢字のプリントの中に混ぜておき、ちょっとした息抜きのような位置づけで取り組ませると良いでしょう。

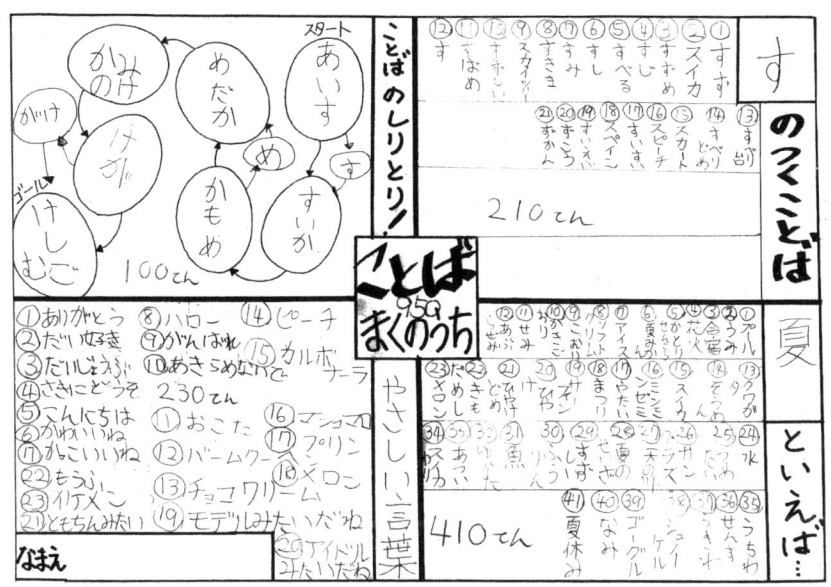

実際の『言葉幕の内』の例(4年生)

色々なサイズで、いつでもできるように

　専用のワークシートは、学年に合わせて色々なサイズや内容を用意しておくと良いです。「面白い言葉コーナー」や、「季節を表す言葉」など、様々な"おかず"が考えられます。このような"おかず"も準備しておくことでいつでも楽しく取り組ませることができます。

ポイント

色々な「書くこと」を
ひとつにつめて楽しく！
ワークシートが教室にあると便利！

「書くこと」の土台になる！箇条書き大作戦

「番号をつけて箇条書きで書かせる」。
まずはここから始めましょう。

 「書くこと」の土台を作る「箇条書き」

　まず、最初に教えるのが「箇条書き」です。私のクラスでは、「箇条書きの鬼」と呼んでいます。箇条書きをさせるときは、①、②というふうに、必ず番号をつけさせます。それは、「○個は書きなさい」という指示が出せることや、「○個書けた！」と子どもが自分の伸びを目で見て実感できるからです。「見つけたこと、わかったこと、思ったこと何でもいいから、"考える前"に書いていくんだ！」と話します。「箇条書き」の効果は、①書き出せる身体を作ること、②情報収集癖がつくこと、③子どもの中にインプットとアウトプットの回路ができあがることです。これらのことを通して、その子の「書くことの土台」を作っていきます。

 「箇条書き」、何から始める？

　最初は、視覚にうったえる面白写真などから始めます。動物や風景の写真を見せ、「この人（動物）は何て言っているでしょう？」とお題を出し、吹き出しに書かせるといったことをします。「何でも書ける」ような取り組みから始め、書くことへの抵抗をなくしていきます。まずは、"書き出せること"が重要です。次に社会科の写真の読み取りや理科の観察記録など、どんどん箇条書きで書かせます。「箇条書き」が定着すると、様々な教科で実に実践的に機能します。私のクラスでは、全く書

けなかった子が"箇条書きの個数が増えること"で別人のように書けるようになった事実を何度も見てきました。

箇条書きの"みかん"で観点を教える

「箇条書き」はインプット、アウトプットのツールとして広く活用していくことになるので、次第に、観点も教えていきます。「箇条書きのみかん」と教えます。**「み：見たこと」「か：考えたこと（意見）」「ん：ん？（疑問）」**です。最初は「み」の箇条書きが多くても、だんだんと「か」と「ん」の自分の意見なども書けるように促します。

また、理科の観察記録なら、「五感」「似たものと比べる」「別のものに例える」など、対象の特長が浮きぼりになる観点を教えます。

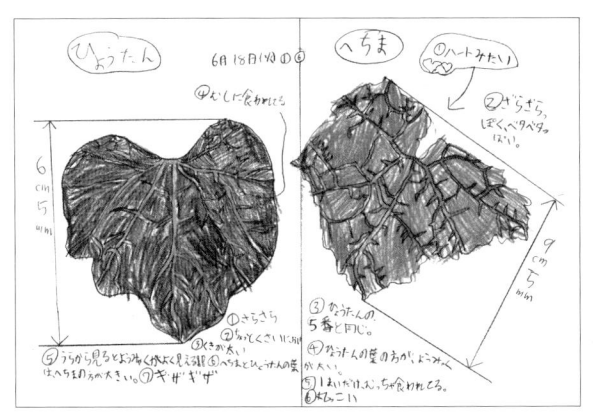

理科の観察記録の例（4年生）

> ポイント
>
> 「箇条書き」は「書くこと」の
> 基礎を支える最強ツール！
> 「箇条書きのみかん」で、
> 観点を教えよう！

3 遊び寸書き『こんなこと考えていました！』

まず短冊に"思ったこと"などを書かせて、
「書けた」という事実を残させる。そのためのレシピです。

「書くこと」を楽しくさせる遊び寸書き

「書くこと」指導の導入には「遊び寸書き」もオススメです。子どもたちは「書くこと」＝「原稿用紙に書く」と思っている子が多いものです。そのため、様々な「書くこと」に触れさせる必要があります。子どもたちが「え〜っ」となる前に面白い「書くこと」の遊びを提供する、そのようなイメージです。目的は、「書き出せる」「苦手意識の払拭」、そして、「書けたという事実を生み出す」ことです。

レシピ『こんなこと考えていました！』

このレシピは、何かしている最中の気持ちを書かせる、というものです。「体育大会の組み立て体操の土台中こんなこと考えていました！」「音楽会で舞台に上がったとき」「家庭科の調理実習中」「マラソン大会中に」…、様々なシーンが考えられます。大きな行事があれば、その後すぐに原稿用紙を配るのではなく、まずは「考えていたこと」のワンシーンを切り取るように書かせる。これなら書き出せます。

準備する物はＢ５の用紙を４つに切り分けたような短冊だけ。そこに"そのとき"の気持ちを書かせます。短冊は大量に教室に用意しておき、書けた子はどんどん"おかわり"に来させます。

とにかく褒める！

　この場合、書き出せたこと、書こうとしたことをまず褒めます。あくまでも全く書けない子からの出発なのです。そういう子が短冊に書いた、ということが大切です。つまり「書けた」という事実を残させることに成功したのです。内容を指摘する場面ではありません。
　このように、取り組みによって評価の仕方も変わってきます。

作文につなげる

　短冊が数枚たまれば、それをつなげて１つの作文にすることができます。１短冊１段落で書かせれば良いのです。ダラダラととめどなく書いていくような事態も避けられます。段落をつなぐ「まず」や「次に」などの言葉は学年や既習事項との兼ね合いで、子どもに考えさせたり、教師がこう書きなさい、と教えたりします。
　最初から原稿用紙に書かせるのもよいですが、「寸書き」で書かせた「短冊」をつなげると、どの子も１つの作文を完成させることができます。

> **ポイント**
> まずは楽しくワンシーンを書かせる！
> 作文への助走にもなる"一言"を
> 短冊に書かせる。

◆遊び寸書きの例

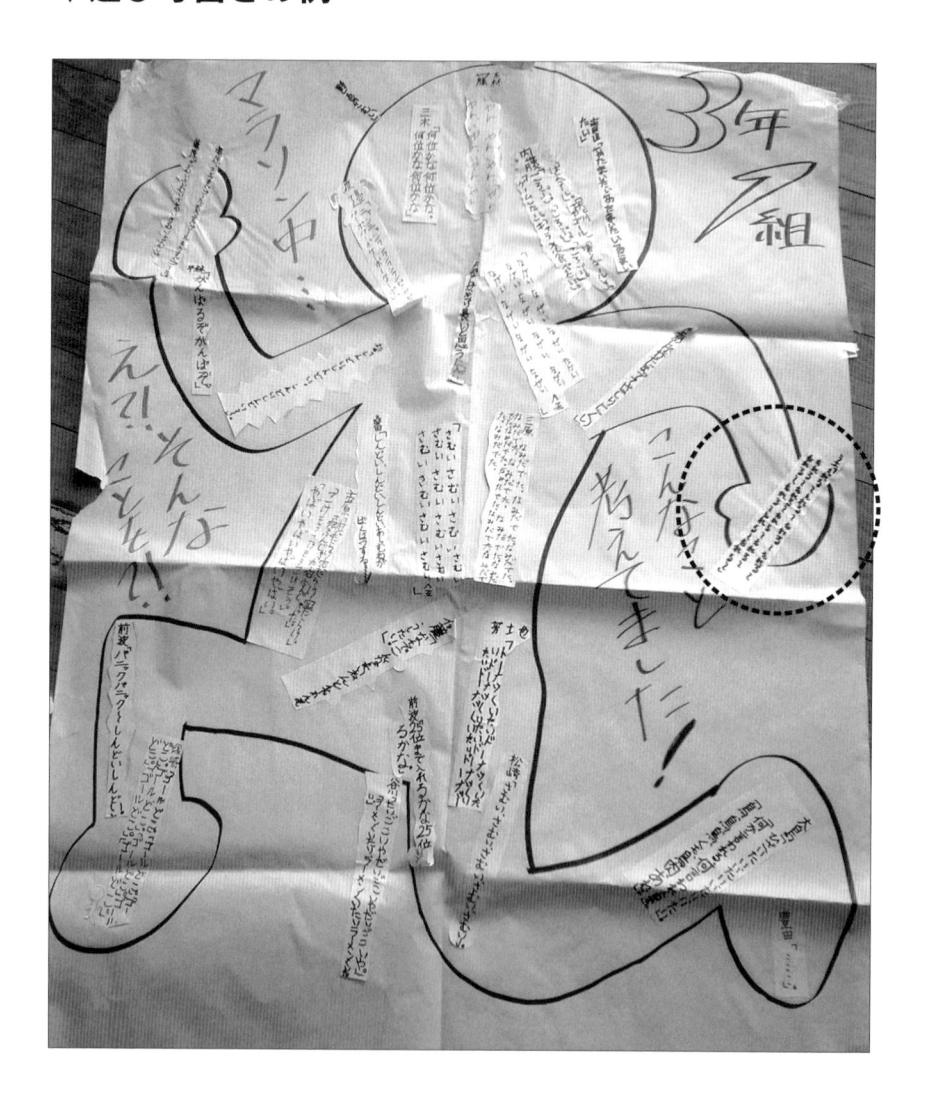

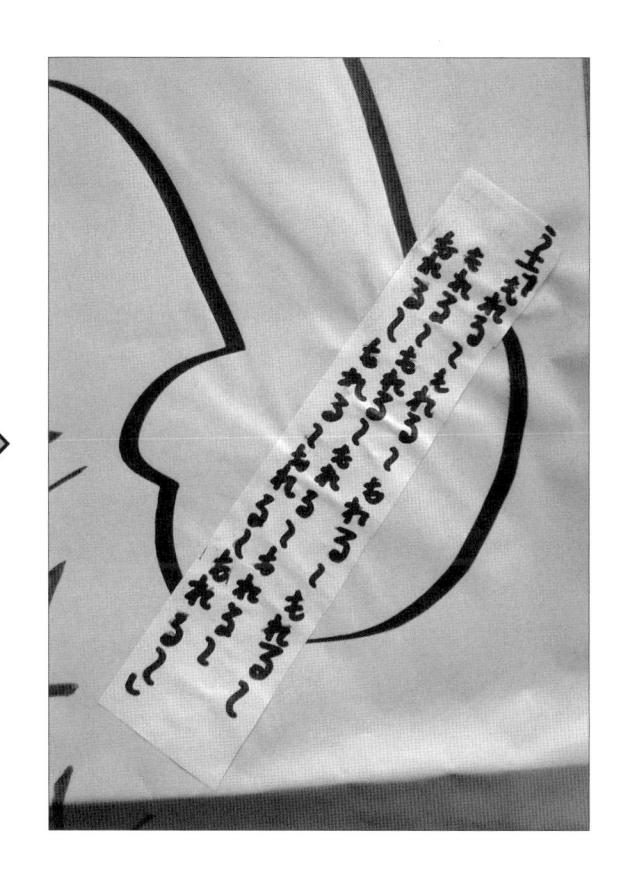

『こんなこと考えていました！』で書いた短冊を模造紙に貼るだけで掲示もできあがる。
写真は、「マラソン大会」中に何を考えていたのかをつぶやいたときのもの。

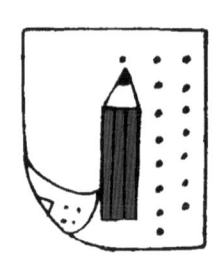

プリントの裏にも『ミニミニ書くこと』を！

少しの空白時間もムダにしないで書かせましょう。
プリントの裏は"書くこと帳"です。

プリントが終わったら、裏に「書く」

　漢字プリントなどの練習プリントが終わった後にも、ウラの白紙に書かせます。プリントに取り組んでいる最中に黒板に「『か』のつく言葉」などと書いておきます。子どもたちは各自、プリントが終わったら、そのお題から裏にどんどん書いていきます。プリントを提出するまでの時間調整として「書くこと」「言葉遊び」を取り入れるのです。まさに「ミニミニ書くこと」です。

レシピ『ミニミニ書くこと』お題例

どの子も取り組める『ミニミニ書くこと』のお題例を紹介します。

①「あ」(50音) のつく言葉
②言葉しりとり「こま→まめ→めだか→カラス…」
③○○なイメージの言葉（「さわやかな」「こわい」「かたい」…）
④オノマトペ（擬態語・擬声語など）
⑤同義語・類義語・反対語・同音異義語など
⑥季節を感じさせる言葉（春夏秋冬）
⑦物の名前（生き物、食べ物、乗り物）　　　　他多数

実際の教室から

以下の内容は、小学校2年生のクラスで起きたことを記録したものです。

> プリント学習の後、「か」のつく言葉を集めさせた。プリントを提出させてから、裏に書かれた言葉を高速で紹介していった。その中にこのようなものがあった。「かめない」「かまない」「かむはずがない」。クラスは笑いに包まれた。そしてそのまま、微妙なニュアンスの違いを説明する活動へと移行。「みんな、この3つ、違いわかる?」「わかるわかる!」「何となく!」とやり取りが続く。数名に説明させた。
>
> ある子は、前に出て寸劇をしながら説明した。これを見て全員「あぁ〜」っと納得。以下のような流れだった。
>
> 1日目:かんでみたけど、かめなかった。→「かめない」
> 2日目:昨日確かめているからそれはもう「かまない」
> そのことを知っている別の一人がその様子を見ながら、あの子は「かむはずがない」。

なかなかにやります、子どもたち!

ポイント プリントの裏にも「言葉道場」!
「空白の時間」を作らず書かせよう!

5 「聴写」は偉大なる学習活動！

たかが「聴写」、されど「聴写」です。
継続した聴写活動が、子どもたちに力をつけます。

「聞く力」をつけることだけではない

「聴写」をやってみたことはありますか？　面倒だと思ったあなた、「聴写」の効用ははかりしれません。聞く力をつけるだけではありません。他には、「教室にシーンとした空気を作り出す」「学習の既習事項の振り返りができる」など、効果は様々です。聴写の15分が大きな役割を果たしてくれます。活動時間は朝の10〜15分、帰りの時間に連絡帳を聴写で、などが考えられます。学年に応じて聴写専用のひな型を作っておけば便利です。

実際の進め方

教師がゆっくりと話し、子どもに書かせます。次のような感じで行います。

教　師「五月十日。木曜日。縦書きなので漢数字。」（子ども書く）
教　師「今、点（点や丸は声に出して指示する）。私たち4年1組は、点。校内大縄大会に向けて一生懸命練習しています。丸。」
　　　（子ども書く）

このようなペースで続けます。段落を変えるときなどに、「先生は話

を変えようと思うんだけど、どうしたらいい？」と聞きます。すると「段落をつける」と返ってきます。また、「まず」と初めの段落で使い、「２つ目の話にいくんだけど最初にどんな言葉を入れたらいいかなあ」などと聞きます。このように「接続詞」などを想起させていきます。最後に点数をつけるなど、意欲づけの工夫をします。全部書けていたら100点、それだけでも良いでしょう。

学習の既習事項の振り返り

　説明文の学習後に聴写をすれば「段落」、原稿用紙を使った学習の後なら「会話文」などをわざと聴写に取り入れて復習させます。**毎回子どもたちに触れさせたい事項を１つか２つ入れて組み立てる**のが良いと思います。「今回は漢字を使わせよう」でも良いのです。そのときはわざと漢字で書くことを告げずに進め、「では今から言う言葉が漢字で書かれていたらボーナス点だよ」というふうにやってみるのです。カタカナ表記なども同じです。

　次からは、「森川先生は絶対後で何か聞いてくるぞ！」となれば学習のアンテナが立った状態で聴写できます。

> **ポイント**
> 「聴写」に様々な学習事項を盛り込む！
> 学習のアンテナを立てて聴写させる！

6 メモの達人になろう！

メモを取らせるなら"効用"が実感できるような流れで取り組ませましょう。

メモの効果をたくさん語る

　メモを書く、ということは私自身が最も日常的に実行しており、効果を実感していることなので、子どもたちにすすめるときにも力が入ります。気をつけなければならないのは、「メモを取るとなぜよいのか？」を抜きにしない、ということです。「アイデアをメモすること自体が楽しい」「メモを取ると、忘れられる」「アイデアは2秒で忘れる。だから取る」「メモをする癖をつけると、色々なことに興味を持つようになるから、人生が楽しくなる」このようなことをたくさん語ります。

メモの書かせ方とチェック機能

　メモは「自分がわかれば良い」というのが大前提ですが、基礎を学ぶ小学校ですし、「何でも良い」は禁物です。そこで、最低限のルールとチェックシステムを導入して、「メモを取る」ということを日常化させていきます。
　まず一番初めは、「先生の板書したことだけを書くこと」からの脱却です。授業中に聞いて大事と思ったことや、友だちの意見などをノートにメモさせます。ノートにメモ欄を設けるのです。そして何か1つでも授業中にメモ欄にメモさせるのです。最初は自主的にメモするのは難しいので、「あ、今メモした人がいたなあ」などと**メモを促す声かけ**を頻

繁に行います。4月から始めるとベストです。

　次に「アイデア」を書かせます。ワクワクするようなことや、自分の実現したいことなどをメモしていく快感を知ると、「メモすることがない」何てことにはなりません。メモ帳を持たせるなら、表紙に絵を描くといったデザインをさせ、常に携帯させて"メモ帳に言葉がたまっていく実感"を味わわせたいものです。メモ帳には、「メモの見つけ方」と題した、メモを取るときの観点を貼らせるといった工夫がいります。「アイデア」「お得情報」「面白かった本の題名」「おいしかった給食のメニュー」「ステキな言葉見つけた！」「お笑いのネタ」「誰も知らない秘密の話」など、子どもたちと一緒にどんなことを書こうか、という会議をして、それを一覧表にして持たせるのです。

メモを活用して文を書く

　前提は、メモのままでも全く問題はない、ということです。その上で、メモの中からお題を抽出して書かせる活動も行いましょう。エッセーが向いています。「おいしかった給食のメニュー」のメモを見ながら、「三つ星メニュー発見！」というような楽しいエッセーを書かせます。見本としてプロが書いた記事を見せることも有効です。「メモを書いた」→「役に立った」という流れを生み出します。これが本当に自分の意思でメモする行動へと昇華していくのです。

> **ポイント**
> メモは人生を
> 楽しくさせることを語ろう！
> メモは楽しくことあるごとに！

7 辞書と「書くこと」

辞書を引く活動と並行して、「辞書と関係した書く活動」も取り入れると相乗効果が望めます。

まずは辞書を引くことを日常的に

まずは、辞書を引くことが特別なことではない空気を作っていかなければなりません。ことあるごとに辞書を引く、辞書を使った楽しい活動をする、などです。そして、辞書を引こうとした子を褒める、そのようなことを日常的に行っていかなければなりません。

辞書から言葉集め

簡単な活動ですが、盛り上がります。教師がお題（「あ行の言葉１つずつ集めよ」など様々）を出し、そのお題に合った言葉を、辞書を引きながらノートに書き出します。辞書を引くことに慣れさせたり、様々な言葉に出会わせたりできます。書くときは箇条書きにさせると、後で「いくつ書けましたか」とか、「５番を言いなさい」などと質問や指示をできるので取り上げやすくなります。

レシピ『マイ言葉辞典』

近年は、『マイ言葉辞典』の活動用のワークシート（140〜142ページ参照）を作って取り組ませています。子どもたちはこの活動が大好きです。右ページは、小学生２年生を担任したときの作品です。

『秋』
・きせつの一つ。夏と冬の間のきせつ。お米がとれるきせつ。台風がよく来るきせつ。なしやかきなどのおいしいくだものができる。コスモスの花がさく。空が高くなる。

『友だち』
・ゆうきをくれる人。心からしんらいできる人。

『山』
・のぼるのがしんどくて、たいへんで、おりるのがまたたいへんで道が長くてでも一番上のてっぺんにのぼったらぜっけいを見ることができる。ぜっけいを見るとどきどきする。

『ゆめ』
①ねている時にみるテレビみたいなもの。テレビは自分でえらべるけど、ゆめはかってに出てくる。②自分が大きくなったらあれがしたいなー、これがほしいぞ、とそうぞうすること。

※『　』内はお題。

　その子の持っているイメージ、言語環境、生活環境が出るのが面白い活動で、読んでいてほっこりさせられます。宿題でも熱中しますよ。
　活動を通して、使う言葉や表現を考え客観的に書こうとすることで、豊かな表現力を養うことになります。

ポイント
教室に辞書の市民権を！
辞書と連動させて「書き遊び」を！

エッセー 100のお題！

様々な「お題」でミニエッセーをたくさん書かせ、また書き慣れさせたり、多様な物の見方・思考をさせたりしましょう。

「ミニエッセー」を書かせる

　日常生活に「書くこと」を取り入れていくことが大切です。当たり前ですが、「書く力」は、「書くこと」によって身につきます。それも日常的に書くこと。ここでは、「エッセー」について取り上げます。教室で「ミニエッセー」に取り組ませるのです。

　短くサッと取り組める方が、続きます。10分くらいの短い時間で書かせます。**単発で、何度も取り組ませる**のです。書かせるのは、国語ノートや、日記帳です。専用のワークシートを作っておいて大量に印刷しておき、教室に常備しておくのも良いでしょう。ワークシートなら、集めてすぐに「集約モード」でコピーし、クラス全員に配ったり、学級便りにして出したりすることもできます。

季語辞典を使う

　エッセーのお題で使えるのは、**「季語辞典」**です。お題として使える言葉をたくさん拾います。例えば、

〈夏の季語〉冷房、扇風機、風鈴、プール、水泳、登山、キャンプ、海水浴、夜店、花火、昆虫採集、汗、蛍、毛虫、バナナ、さくらんぼ

夏の一部分だけを切り取っても、たくさんあります。季語辞典を読んで、使えそうな言葉を片っ端から取り出し、「お題一覧表」として「100のお題」を作ります。これはそのまま日記指導にも使えます。「何でもいいよ」ではなく、「100のお題」として提示するからこそ、子どもたちは取りかかれるのです。多様な物の見方、多様な物事の切り口に出会わせることができます。

実際の書かせ方

最初はひな型を提示します。「○○といえばこんなことを思いだす。」「『○○』といえばこんなことを体験した。」「『○○』といえばこんなことを聞いた。」で書き出させ、「『○○』、それは私にとって〜である（〜の言葉である）。」のような形で終わらせます。その後自分なりの書き方を見い出せれば良いのです。

書き終わったら集めて紹介

最初にも書きましたが、書き終わったら集約して配りながら、教師が紹介することです。まとめてファイルにして教室の後ろに立てておき、いつでも誰でも閲覧可能な状態にしておくだけでも違います。ここで大切なのは、子どもも教師も「続く」活動にすること。何事も続かなければ力になりませんし、教室の文化にはなりません。

> **ポイント**
> まず教師が、マイ「100のお題」を作ろう！
> 毎日少しずつ目先を変えながら書かせよう！

9 遊び寸書き『小学生悩み相談所!』

様々な"悩み"を子どもたちに提示して"おこたえ"させます。その発想の面白さに、教師もクラスも笑顔になります。

子どもたちに"おこたえ"させる

様々な相談事を子どもたちに投げかけて、"おこたえ"を書かせるレシピです。一度ぜひ行ってみて下さい。書かれたものを読むと、教室が爆笑の渦になります! 笑顔あふれる教室を生み出します!

様々な相談を考える ～お題一覧表（一部）～

子どもたちに答えさせる様々なお題を考えるのも楽しいです。子どもたちの"おこたえ"と合わせてどうぞ!

> Q 子どもが勉強しないのですが、何か良いアドバイスを下さい。（小学校３年生の親）
> A 勉強しなかったらしばりあげてください！（３年生）
> Q ドングリがうまく見つけられません。（子どものリス）
> A 秋になったらさがせ！（３年生）
> Q あまいものがきらいです。（子どものあり）
> A ありやろう！（３年生）
> Q つい来たお手紙を食べてしまいます。（黒やぎさん）
> A 白やぎさんも食べていると思うからよし。（３年生）
> Q うまく巣が作れません。（ツバメ）

A 形じゃなくてあったかさ。(3年生)
Q すぐに子どもとケンカをしてしまうのですが。(小学生の親)
A 一番ダメなのは、行動を移そうとしているのに先に言ってしまうこと。まずは子どもの様子をうかがうことが大切です。(6年生)
Q 趣味が悪いって言われます。(カラス)
A 趣味の良い悪いを決めるのは自分です。他人を気にせず、我が道を歩んで下さい(ゴミ袋をあさるのはやめてください)。(6年生)
Q お手につかれました。(ポチ)
A お手よりもっと飼い主が驚くことをしてください。そうすればもっとおいしいエサがもらえたりお手のりょうも少なくなります(ジャンプ、スピン、2本足立)。(6年生)
Q 太ってきて困っています。(太ってきた女性)
A それは特に冬の出来事ですよね。おいしいものがたくさんあり、寒くて動かなくなるので、まさに太りやすい季節ですね。いつでも心がけて欲しいことはよくかむこと、腹八分目を心がけること、間食をしないことです。(6年生)

ポイント
子どもの発想に教師が驚こう!
書かれた作品を交流することで、
笑顔あふれる教室に!

10 おしゃべり記録タイム

端的にまとめてお隣同士でおしゃべりさせてから、
その内容を記録させます。メモをする練習にもなります。

「対話→書く」で固定する

「対話」、「おしゃべり」してから「書く」という活動です。
「お隣同士ペアで話しなさい」とか「班で話しなさい」というシーンはよくクラスで見られると思います。その話し合い活動、対話活動を利用して書かせます。

まずは2人での対話から

例えば私は小学校2年生の子に対して、「おしゃべりしなさい」という言葉をよく使います。「おしゃべりしましたね。ではまず、『自分で話したこと』をノートに書きなさい。」と言います。書くときは最初は箇条書きで書かせるようにします。子どもたちはまず、自分の言ったことなので何かは書けます。

書くときは一言で良いのです。細かく書かせると、子どもたちは嫌になりますし、続きません。「ハンバーグの話」とか、「水泳教室の話」といった具合でいいのです。

次に「相手の言ったこと」を書かせます。これも端的に書かせます。

これらを何度も続けていきます。細かく、何度も。そして、「書くことの体力」をつけていくと共に、「話の要点を意識して聞くこと」「要点を意識して話す態度」を身につけさせます。

班、全体活動へとつなげていく

　慣れてきたら、班での話し合いの後に書かせます。「田中さんは遠足の話」「斉藤さんはペットの話」という具合に、班のメンバーの話を後からまとめて想起して書かせます。

　さらにクラス全体で話し合いをした際にも書かせます。全員の意見を片っ端から書いていかせることには少し無理がありますので、「反対の人の意見を書こう」とか、「いいなと思った意見を書こう」というふうに注目させることを指示して取り組ませます。高学年になったら、全体での話し合いで、自分が意見を言うために「○○さんの意見に反対したいから、ちょっとメモしておこう」といった実用の場に生かせるような活動へとつなげていきます。

書かれたノートをチェックする

　書かれたノートは、隣同士でチェックさせたり、教師がチェックしたりします。その際は、「書けたら持ってきなさい」と先生の前を通過させてどんどん見て、評価をつけていきます。「書きぶりに具体的な名称が入っていたらＡ」などと明確に、評定していくのです。このようにすることで、子どもたちは、ノートに書く習慣を身につけることができます。

> **ポイント**
> まずは「話し合い」を「書いて」意識させよう。
> 次に「必要だから書いておこう」に移行させよう。

11 「わかちあい」
～仲間や先輩の作品から学ばせる～

教師が楽しそうに子どもの作品を読み聞かせしましょう。
良いところを1つ、セットにして。

「わかちあい」をする

　スキマ時間にもってこいの活動、それは作文や日記の読み聞かせです。子どもたちはクラスの仲間の作品を聞くのが大好きです。私はこの時間を「わかちあい」と呼んでいます。楽しい空気を分かち合っているようで、何とも良い雰囲気なのです。スキマ時間があれば日記や作文などその一部分でも良いので、読み聞かせをして、クラスで作品を分かち合いましょう。

わかちあいの空気はまず教師が作る

　当然のことなのですが、「わかちあい」の空気はまず、教師が道筋をつけます。ニコニコの笑顔。楽しそうな雰囲気。実際、子どもたちの作品を読むのは楽しいですよね（教室で何度もニヤニヤして不審がられています〈笑〉）。
　読み聞かせをすると、子どもたちからは自然と笑いが起こります。しかし反面、鋭くアンテナを立てておかなければならないことがあります。それは、「やじ」や「行きすぎたふざけ」です。最初のうちは、ちょっとした「やじ」や、からかうような言葉は徹底的に排除します。
　「読み聞かせ」で自分の作品が読まれているときは、「心地よい空間」でなくてはなりません。恥ずかしい思いをしたり、いやな気分になった

りすることがないように、細心の注意を払います。慣れてきたら、そういうことを言う子はいなくなりますが、それにはまず最初が肝心です。日頃から、「仲間にやじをとばす人」「頑張っている相手をいい加減な気持ちでからかう人」は許さない、という強い姿勢を教師が見せていくのです。もちろんどんな活動をしているときでも、です。

聞くだけで作文力がつく?!

　わかちあいの大きな目的は、「聞かせるだけで作文を書く際の注意喚起になる」ということです。先生は簡単な解説を入れながら読みます。そうすると子どもたちは、「ああ、この書き出しすごい」「こういう書き方があったのか」「この題名まねしたい」ということを、それぞれの頭の中で考えます。「お、書き出しがいいなあ。では…」「会話文が入っていてわかりやすいなあ」などと、良いところを端的に口に出しながら読み聞かせをしましょう。

　そうすることで、子どもたちの作文力が上がります。

> **ポイント**
> 楽しく何度も仲間の作品を聞く機会を作ろう。
> 「わかちあい」の有効活用でクラス全員学ぶことができます。

第3章

もっと"書く力"をつける「作文レシピ」！

1 文章の名づけ親になろう！

何度も題名や見出しをつける機会を持たせます。
繰り返して"文章全体"を自然と意識させましょう。

題名、見出し、小見出しをつけさせる訓練

　文章をひたすら書かせることも大切ですが、「書くこと」の指導はそれだけではありません。「メモ」することや「構成」についてなど様々です。ここでは、「題名」や「小見出し」をつける活動を通して、文章読解力、作文の題名をつける練習、要点を指摘する力を身につけさせます。何度も繰り返していると、子どもたちが新しい文章に出会ったときに、「大きく言うと何のことが書いてあるのか」ということを自ずと考えるようになります。言うなれば「思考の癖」を身につけさせるのです。

「様々な短い文章」をたくさん用意して、命名させる

　エッセー、説明文、物語、社説など、様々なジャンルの文章の一部、または短い文をたくさん用意します。そして、どんどん子どもたちに「題名」や「小見出し」をつけさせます。
　問題は、子どもに提示する文章をどこから持ってくるかです。最初に考えられるのは、「教科書掲載作品」（他社のものなど）です。低学年ものの説明文などには短い文章があり、高学年に提示するのにもってこいです。題名を消して提示し、題名を考えさせます。後は、「小学生新聞」や「絵本」「子ども向けの図鑑」「生き物の読み物」などがあります。それらは、まずは学校の図書室で探しましょう。そして"コレ"と思う使

えそうな本があれば、片っ端からチェックします。

✎ コツは何度も行うこと

　ここでもコツは、「何度も行うこと」につきます。量が質を生むのです。なぜするのかを問うことはもちろん大切です。しかし、それに時間ばかりかけていると、いつまでたっても始めることはできません。考える前に始めてみる。やってみてだめだったらやめる。それくらいの動きを取らないと、「新しい教室」は生み出せません。

　何度も「名づけ親」にならせましょう。やり続けることで、見えてきます。

> **ポイント**
> 文章に"命名"させて、"思考の癖"を身につけさせる。
> 何度も繰り返し"名づけ親"にならせよう！

2 「書かせる媒体」と「作品を見るコツ」

"書かせる先"も目的に応じて変えます。
作文は"見ること"よりも"書かせること"です。

作文は何に書かせるか

作文を書かせる紙媒体は、以下のように使い分けます。

〈原稿用紙〉
　集大成として取り組ませるとき。行事作文や、まとめの作文など。また、原稿用紙の使い方に習熟させるため、ちょっとしたことを原稿用紙に書かせる場合もある。

〈プリント〉
　回収してコピーして、次のステップの活動をする際に集約などの機能が使えて便利。また、スキャナーを使って一気にデータとして取り込むことができるので、実験的な作文はプリントに書かせるのがおすすめ。

〈ノート〉
　授業中の意見や感想などはノートに書かせる。コピーして残しておくことを考え、感想などを書かせるときも、毎回名前を書かせると良い。

書かれた作文をいつ見るか

　教師が作文をなかなか見ることができずに、続かないということは多いです。私も、毎日毎日子どもたちの作文に目を通して、コメントを入れることはできません。まず「コメントありき」という認識を変えましょう。「たくさん書かせる」ことに重点を置くのです。誤解を恐れずに書くと、「"書かせっぱなし状態"を恐れない」ということです。「コメントしていない」と考えて次の作文に取りかからせることができないくらいなら、「とりあえず書かせよう」でいいのです。その上での話です。

　作文は書かせた直後から見ていくことが大切です。"そのときの観点が入っているか"に神経を集中して見ます。そして「一言コメント」を書きます。しかし、S、A、Bの評定だけのときもあります。

> S：課題をこなしていて、さらに２つ以上の工夫点がある。
> A：課題をこなしていて、さらに１つ工夫点がある。
> B：課題をこなしている。

と観点を決めて、評定するのです。「工夫」というのは、「文章が整っている」「修辞法を使っている」「書き出しが面白い」「会話文がたくみに使われている」など作文指導の様々な観点です。

ポイント
「何に書かせるか」を意識するだけで指導が変わる！
シンプルな評定だけでも教師自身が続けること！

③ レシピ『キーワード作文』・『クロスワード作文』

キーワードを指定して作文の中に入れさせましょう。
そうすることで、目的の明確な文章を書かせることができます。

✏️ キーワードを指定して書かせる

キーワードを指定し、入れ方を示しながら活動に入ります。

①キーワードを文章のどこに入れても良い。
②キーワードを入れる順番を指定する。

①ですが、例えば「擬声語」「擬態語」といったオノマトペを学習した後などで、「さらさら」を入れなさい。とシンプルに指定することができます。子どもたちは文章のどこかに「さらさら」を入れて書きます。なお、キーワードが入っているか教師が一目見てわかるように、**キーワードは四角で囲う**、などのルールが必要です。

次に、「そりゃあないだろう」などをキーワードとした場合。先ほどは「オノマトペ」自体の活用が目的でしたが、今度は文の内容に焦点をあてています。どこに入れるかを通して言葉の使い方、文のつながりに触れさせます。次第にキーワードを複数にするなど取り組みに段階をつけます。

次に②です。キーワードを入れる順番を指定するのは、「"いよいよ始まる！"で終わるように書きなさい」などと指示する場合や、教師側に意図があって、書かせる文章をある程度全員そろえさせたい場合です。例えば「時系列」ということを認識させたいなら、「"見学""お弁当""帰

り道"で遠足についての作文を書きなさい」と指示できます。

✏️ クロスワード作文

　左ページの②と同じような活動ですが、プリントで行います。プリントには、すでに複数のキーワードが散りばめられています。その間をうめていく活動です。子どもたちはそれまでテーマに沿って書く、ということは行っていますが、行間を書いていくような活動はあまりしてきていない場合が多いと思います。用紙はマス目のない罫線のものにします。ある程度、書き込めるはばを持たせておきます。

✏️ 国語の学習に発展させる

　物語文の学習で「あらすじ」などをまとめるとき、説明文の要約をするときなどあらかじめキーワードを与えておいてまとめさせます。例えば、「"ごん""兵十"と後１つキーワードを入れて『ごんぎつね』をまとめますが、何というキーワードにしますか？」と投げかけるなど、授業をしながらまとめさせていきます。全てのキーワードを考えさせて書かせることももちろんありますが、クラスの子どもの様子などを考えて、キーワードを指定することがあっても良いと思います。活動の負荷がさがり、自分で探すキーワードを探す力も身についていきます。

> **ポイント**
> キーワードを与えて"ちょっとした負荷"をつけて書かせよう。
> その活動が子どもたち自身のキーワード探しの力になる。

4 「ウソ作文」追放？！

"思考停止"した"ありきたりな作文"を「ウソ作文」と呼び、クラスから追放しましょう。

ウソ作文とは？

　描写に優れたリアルな文章を書かせるために、していることがあります。私のクラスでの作文に取りかかる前の合い言葉は、「ウソ作文はだめ！」になっています。**「ウソ作文」（造語です）とは、「体験していなくても書けるありそうな文章」**という共通理解をクラスでしています。

　例えば、「今日遠足に行きました。お弁当がおいしかったです。たくさん動物を見ることができて楽しかったです。」のような文章は私のクラスでは「ウソ作文」となります。

　指導では、このような文章を子どもたちに示し、「これなら行っていなくても書ける。人間は想像したことを勝手に書いていけるすごい生き物なんだ。だから今でも、『富士山に登りました。頂上からの眺めはとてもきれいでした』って、ほら、言えるでしょ。こういう作文は書く意味がない。だから、行った人しか書けないこと、体験した人しか書けないことを書きなさい。」と説明します。そしてすぐに、細かいこと、具体的なことを書いている日記や作文を例として読みます。それらがないときは、教師が作るか、過去の教え子の作文などを持ってきて読みます。「『見た動物の中で、ゴリラはオリの中にいなかったけど、後ろに回ったら飼育員さんがえさをあげているところを見ることができて、時岡君とガッツポーズをしました！』って、どう？　これは行った人しか書けないでしょ？　読みたくなるなあ!!」という具合にことあるごとに声かけ

をします。そうすると、冒頭のように、「さあ、作文書くけれどみんな、わかっているよね！」と言うと、「ウソ作文は書かなーい！」という元気な声が返ってくるのです。

　それと、「ウソ作文」のことを指導した後が大切です。具体的な記述を書いている子の作文をその都度取り上げ、褒めます。何でもそうですが、指導した後にいかに"詰めて"いけるか、そして取り上げて価値づけていけるかが重要です。

練習する

> 　友だちと祭りに行きました。かき氷を食べました。おいしかったです。
> 　花火をみました。きれいだったです。ずっと前にひっこした友だちに会いました。うれしかったです。
> 　帰り道でお金を落としました。悲しかったです。

　このような文章を提示し、「ウソ作文」と考えられる箇所を指摘させます。「どのようになっていたらいいかな」と問いかけると子どもたちは色々と話してくれます。こうすることで、子どもたちは描写に優れたリアルな文章を書くようになります。

ポイント
「ウソ作文」を教え、"ありそうな文章"から脱却させる。
「ウソ作文」という認識を浸透させる。

5 文章を飾るときは「大げさ」「ローカル」で！

「修辞法」は書き手に許された"遊び心"です。
楽しんで使わせましょう。

「比喩」「倒置法」を楽しむ

　比喩は、「大げさである」「ローカルである」という要素で作ると、文章がぐっと個性的になります。

　例えばある日、担任していた小学校２年生のある子が給食の食缶を運びながら私に言いました。「先生、今日は寒いねえ。地球冷蔵庫みたい。」。さすが子どもの感性は違います。寒さを地球丸ごとの冷蔵庫に例えたのです（すぐにメモしました）。

　それから、ローカル部門（笑）。「高架下の一休ラーメンの親父みたいな笑い方やな」という例えなどです（関西では、「しらんがな」という"ツッコミ"が入ります）。

　「倒置法」も同じです。

　「考えついてしまったのだ！　ものすごい勉強法を！」と日記や作文の書き出しで書かれれば、読みたくなりますよね。「大げさである」ということに加えて、「じらす」「もったいをつける」というニュアンスで書かせるのも効果的です。「何だと思う？　今から私の言うこと！　と斎藤さんは私に言った。」という具合です。

　また、書かせるだけではなく、導入に歌詞の中から「比喩を抜き出す」という活動も面白いかもしれません。

「修辞法」は"遊び心"の集積

　正確な文章を書く、主張する文章を書くことは、当然大切です。しかし、私はあくまでも「書くことは遊び」という要素を残しておきたいと思っています。「面白い文章」「一見くだらないような文章」が実はその書いた本人を一番表しているかもしれません。

　「書くこと」がシステマティック一辺倒になったり、書くことから「遊び心」を奪ってしまったりしたのでは「書きたくてたまらなくて書く」という教室は実現しません。修辞法は書き手の"遊び心"と言えます。技術を教え込むというよりは、「文章を楽しくするのに、こんなコツがあるんだぞ」くらいの気持ちで取り組ませたいものです。

> **ポイント**
>
> 「比喩」や「倒置法」は"大げさ""ローカル""じらし"で。
> 「修辞法」は書き手の"遊び心"ととらえる。

6 「行事作文」は腕試し！

「行事作文」をそれまでの作文指導の"腕試し"として位置づけましょう。発想も柔軟に。

逆算して計画し、"腕試し"としての位置づけにする

　行事作文は、おそらく何らかの形でどの学校でも取り組まれていることでしょう。私は、行事作文は一定期間、作文の学習をした上でやってくる「腕試し」のような感覚にとらえています。

　逆算して考えてみましょう。例えば「体育大会の作文を書かせよう」という計画を立てます。そうすると、それまでに何を指導しなければならないかを考えます。まず「原稿用紙の使い方」と「書き出し」を指導する、そしてそれらが定着したかを行事作文で見る、という具合です。

　子どもたちを作文嫌いにさせるのは、「唐突に書かされる」「"書くものだ"と教師自身が無意識に取り組ませる」「書き方を習っていないのに書かされる」「やたらと添削されてやる気を失う」などが理由です。

各場面を担当制にすることも

　前述の体育大会の作文なら、例えば種目で書き手を割り振ります。「大玉運び」で書く人、「クラス対抗リレー」で書く人…という具合です。体育大会の作文でありがちな、最初から最後までの出来事をなぞろうとして、結局だらだらの文章になったり、途中で挫折してしまったりということを避け、"何となく書く"空気を払拭できます。担当は「リレーの場面を書きたい人？」のように最初は挙手で決めるので良いと思います。

また、隣同士で相談して合作にする手もあります。「私ここまで書くね」「了解。ぼくここから書くわ」というふうにして、「ここからは○○さんの作品をご覧ください！」などがあっても面白いですね。要は、型にはまらなくても良いということです。最後に教室の会話を少し。

> 教　師「あれ？　ほとんどがリレーの場面の作文を書きたいのか〜。まあそうなるよね。予想していました（←していない）。誰かこの辺で"スピンオフ"ねらってくる子がいたら面白いのになあ（←つぶやくように。でも聞こえるように）。」
> 子ども「え？　先生、"スピンオフ"って何なん？」
> 教　師「それは、人気の出し物とかがあってそれに関係するサブストーリーのことや。人気映画で主人公ではない脇役の人を主人公にして別の映画とかができることあるやろ？」
> 子ども「運動会で言えばリレーとか、ソーランとかではない、みんなが書かないような出し物のことやね？」
> 教　師「さすが○○や。話が早いなあ。」
> 子どもたち数人「ぼく、スピンオフやるわ！」「やるわ!!」
> 教　師「え？　ものすごいいるやん。別にそっち書きなさいって言ってるんじゃないで。」

…止まらないので（笑）この辺で。

ポイント
行事作文は、それまでの作文学習の腕試し！
型にはまらない発想で！

7 文章の決まり指導と推敲は『ダウトをさがせ!』

ゲーム性を持たせた「推敲指導」を行うことで、熱中して取り組めます。

"深刻な間違い探し"にならないように

　原稿用紙の使い方、言葉の使い方、接続詞の使い方などの文章の決まりを指導する際、それ自体を教え、書かせるなどして習熟させることも多いですが、いつも単調な説明授業にならないようにします。また、深刻な間違い探しにもならないようにしたいところです。

　そこで、「ダウト」を探させると、子どもたちも熱中して取り組みます。教師が作った「わざと間違いの箇所を入れた文章」を配り、指摘させるのです。「ダウト」という要素が加わるだけで、子どもたちにとっては"遊び"になります。自分が熱中して取り組んだとき、そこには「気づき」が生まれるので、身につきやすくなりますよね。

　例えば、「改行せずにそのままどんどん文章をつなげたもの」「会話文カギ括弧（「　」）を入れずに書かれたもの」「接続詞の順接を逆接に変えたもの」などわかりやすいものから作ります。そして、複数ダウトに移行します。一人１枚配り、一定時間探させ、赤鉛筆などでチェックさせます。

自分自身の作文の推敲指導につなげる

　一斉指導では、「ダウトをさがせ」を行います。そしてそれを「自分の作文の推敲」へとつなげていきます。一度文章の決まりの視点で作文

を見ている経験があるので、活動に入りやすくなります。

　最初教師は"推敲を見越して"書かせます。例えば「ドッジボール大会の作文を書きます。2枚までにまとめなさい」とお題とルールを設定し、書かせた後に「作文3点セット（「題名」「名前」「書き出し」）について推敲しなさい」と声をかけます。とにかくやることができるだけシンプルであり、明確であることが大切です。まずは簡単な項目からチェックさせ、次第に文章表現、構成へと移行させます。

準備も学年で分担して

　学年の先生が3人いるなら、「私は接続詞ね。」「じゃあ私は原稿用紙の使い方ね。」というふうに分担してダウトのプリントを作れば、1人の負担は大きくありません。相談して楽しく作るといいでしょう。また、そのときには学年間でクラスの作文力について情報交換できます。

> **ポイント**
> "文章の決まり"への意識は、
> ダウトをさがしながら。
> ダウトで慣れて、自分の作文の推敲へ。

8 説明文を「書き足す」

教科書の文章を使って書くことで、取り組みの負荷を下げ、書けるようにします。

「書き足す」活動で負荷を下げる

　説明文そのものを作る活動を行う前に、「書き足す」という作業で負荷を下げて取り組ませることができます。光村図書出版、国語2年生（上）の教科書に、『どうぶつ園のじゅうい』という説明文が載っています。一覧表を作り（76ページ）、段落のまとめをしたり、自分ならどの動物の世話をしたいかを書かせた後、自分で新たな段落を作らせました。子どもたちには、「教科書を書くぞ！」とあおります。

　まず、教科書には書かれていない時間帯があることを黒板を使って確認します。

　本文では、「昼まえ」から、いきなり「夕方」にとんでいることを子どもたちは見つけます。「"その間"をみんなは書くんだよ」ということを確認させます。次に、教師がその間にあたる仕事をインターネットで調べ、「1時半」「2時半」「2時45分」の3つをピックアップしたプリントを、子どもたちに配付しました。子どもたちは3つの仕事を、本文を参考にしながら説明文調にまとめていくことになります。

　まず、段落の書き出しを確認。書くときは、原文が「じゅういさんは～」ではなく、「わたしは～」と書かれていることも押さえます。「なりきって書くんやね」との声。Aさんに突然あてて、「では、難しいこといきなり聞くよ。まだ何も書いていないけど、いきなり書き出しいえる？」とふります。見事、「2時45分～」と言えました。本文がその

ようになっているからです。すかさず「何で、それがわかるの?」と問うと、「だって、どの段落も時間で始まっているから」と答えました。その後は、黒板にわからない子のためにヒントを書いたりしながら実際に書かせました。こうすることで、子ども自身が文章を考えて作るようになっていきます。

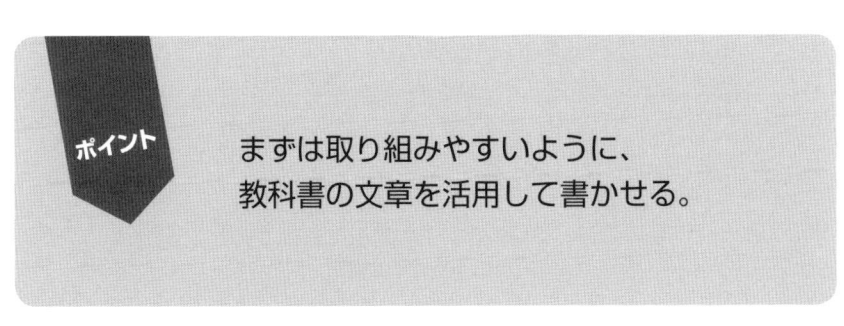

> **ポイント**
>
> まずは取り組みやすいように、
> 教科書の文章を活用して書かせる。

◆「書き足す」活動の例

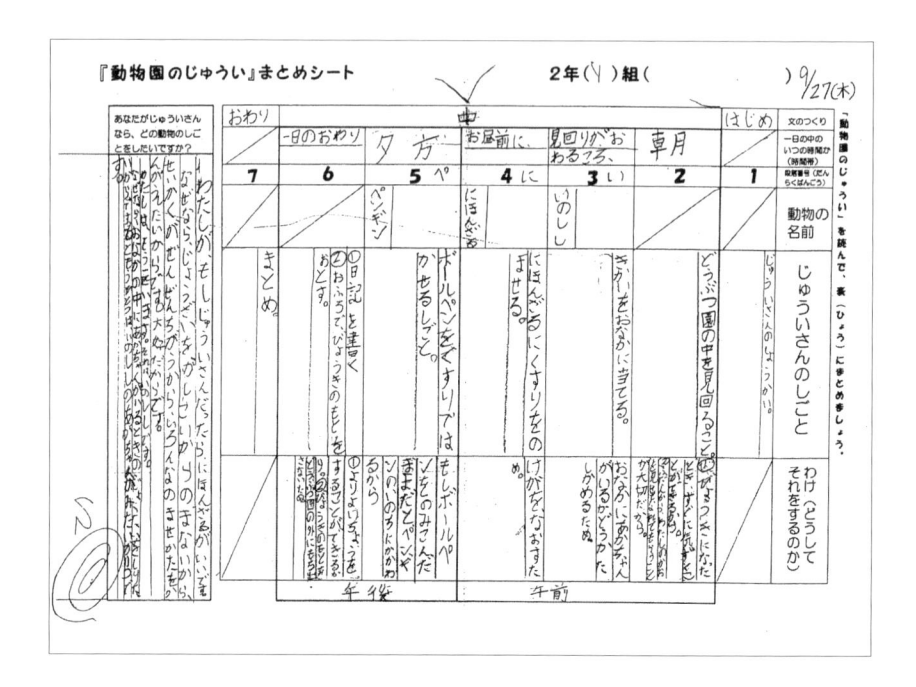

『どうぶつ園のじゅうい』を読んで、各段落をまとめさせました。黒板で確認しながら進めるところだけではなく、「自分で書いて持ってきなさい」と言って、まずは書かせるなど、少しずつレベルを上げながら進めます。

『動物園のじゅうい』に自分の文しょうをつけたそう！　１まい　　２年（｜）組（　　　　　）

「どうぶつ園のじゅうい」をひょうにまとめることができました。つぎは、なんと自分で、文しょうを作ってみよう！
教科書にのっているじゅういさんのお仕事で、書かれていない時間があるよね。そう、（お昼すぎてから）の時間が書かれていないよね。
「じゅういさんのその他のお仕事のプリント」を自分で書いてみます。そのぶんの段落（だんらく）を一つ自分で書くところをえらぶ。
そして、書く時は、教科書を読んでまねして書いてみよう。では、ちょうせんだ！

さいしょはどのようなことばではじまっているかな？

一時三十分ごろ、わたしはどうぶつ園にもどります。そして、色々なケガやびょうきのどうぶつたちをちりょうします。そのどうぶつとは、にゅうインしているどうぶつたちです。

二時三十分ごろ、わたしはツキノワグマのうんちのようすがいつもとちがうときは、うんちのようすをみます。うんちのようすがいつもとちがうかなど、こころがみつかったときに、びょうきのえいようをすいとる生きもののたまごが中に、いつもとちがうかなどをしらべます。

三時四十五分ごろ、わたしはどうぶつ園のどうぶつをしますか。そのどうぶつでもちこまれたどうぶつやケガなどで、そのどうぶつが、もちこまれたどうぶつです。それで、

【見なおしのポイント】
※文のさいごには、「。」がついているかな？
※小さな「っ」「ゃ」「ゅ」「ょ」がぬけたり、字をまちがったりしていないかな？
※できあがって、時間があるんは、さらにもう一つ段落（だんらく）を書いてみよう。
※自分でぶんしょうをかいたので、「だんらく」がふえたことになるね。ぜんぶで、
（　　）だんらくになったね。

自分の文章をつけ足しさせます。少し書いては先行の子に読ませ、まだ着手できていない子にイメージさせます。書くときは、教科書の記述を見ながら"真似して"書いていきます。

9 拝啓筆者様
～クリティカルに読み、書く～

「書く」という活動を通して、教科書を批判的に読み、自分の主張を形成させましょう。

主張する子を育てる

　説明文の学習では、まず文章を正確に読み取り、筆者が伝えたいこと（主張）を受け取ることが大切ですが、**高学年なら「自分はどう考えるか」というところまで進めたい**ものです。クリティカルな読み方です。「読みやすいか読みにくいか。また、それはなぜか」「主張と題名は合っているか」「あなたは筆者の主張をどう思うか」など、観点を決めてノートに書かせます。何でもかんでも批判するということではありません。

小学校５年生『生き物は円柱形』（光村図書出版 国語）の例

　全11段落の頭括型の文章です。「生き物は円柱形である」ということを前提として問題提起し、それを実験によって解き明かしていく「演繹的」な文章となっています。説明文特有の「…たり、…たり」という例示の際の表現や、文章の中に「小問題提起」（６段落）があり「実験」（７段落）があり、「小結論」（８、９段落）を導き出すという作りになっています。また、説明文では「である」と文末を表記する場面が多いですが、「～だ」「～だろう」という表記を多用し、読者に近づく工夫がなされています。ここまでのことを学習させた上で、ここからがクリティカルな読みの部分です。①この文章の流れからすると、実験は２つ必要なのですが１つしか書かれていません（８段落と９段落の間に実験が

入っても良さそう)。さらに、②円柱形でない生き物もいます（テントウムシは？）。加えて③まとめの11段落ですが、「共通性」を柱として取り扱った文章にも関わらず、「多様」という言葉が6つも使われており、最後に急に「共通性」に戻している感が否めません。

　これらのように、まず**教師が"教科書絶対主義"から脱却し、クリティカルに教材を読んでいく**ことも大切です。その上で、子どもたちにどの部分を見い出させるのか、そして書かせるのかをあらかじめ検討しておきます。そして、「拝啓筆者様」のようにノートに自分の意見を書かせます。本教材の場合の書かせる際の発問は以下です。

---

① 「話の流れから考えて、抜けていることがあるとすれば何ですか。」（文章構成を押さえた後で）
② 「この文章の主張に反対する、または疑問に思うことはありませんか。」
③ 「まとめの段落で自分で思うことはありませんか。」

　子どもたちはクリティカルな読みには慣れていません。最初はできるだけ直接的な発問にした方が、より活動に入りやすくなります。

　実際に書き出させるときは、**発問の文言を冒頭に持ってこさせて書かせます。**「この文章の主張に関して、疑問に思うことがある。それは、円柱形以外の生き物もいると考えられることだ」という具合です。こうすることで、"何について書いた文章なのか"がわかりやすくなります。

> **ポイント**
> 文章に対して、
> 自分の考えを「書く」場面を設定する。
> まずは「おかしい」と感じた部分を
> ノートに書き出させよう。

第3章　もっと"書く力"をつける「作文レシピ」！

10 作文たしかめ「セルフチェックシート」

"大きな作文"を書かせたら、簡単な振り返りをさせましょう。シートを作り、自分でチェックさせます。

定期的に「作文の振り返り」を

簡単な振り返りでかまわないので、定期的に自分の作文を振り返る機会を持ちたいものです。右ページの例で示したのは、小学校２年生の子たちに取り組ませた「作文たしかめシート」の実物です。２年生ということ、そして既習事項を考えて評価項目を設定しています。このような評価項目を学年ごとや低中高学年ごとに決めます。そして、「自己評価シート」を作成し、子どもたちに書かせます。継続して行えると効果があります。

子どもたちが作文を書くときに、この「たしかめシート」が頭に浮かんでくるくらいになればしめたものです。

「作文リーダー」認定

評価を何回か繰り返したら、「作文リーダー」や、「作文アドバイザー」などに認定すると盛り上がります。**いかに"遊び"に近づけていけるか**は、子どもたちのモチベーションに大きく関わってきます。もっと"悪のり"するならば、「腕章」を用意します（どうして「腕章」をすると、している人が特別な人に見えてくるのでしょう？〈笑〉）。

作文リーダーになった人は、仲間にアドバイスする、という制度にして助言させます。子どもたちは得意げになって腕章をして、クラスの中

をうろうろします。

　どの教科でもそうですが、子どもたち同士で高め合えるシステムを構築すると、教室全体の学びのトーンが高まります。絆も生まれ、一気にクラスがまとまってきます。クラスは、道徳の教材でまとまるのではありません。日頃の勉強や生活でまとまるのです。

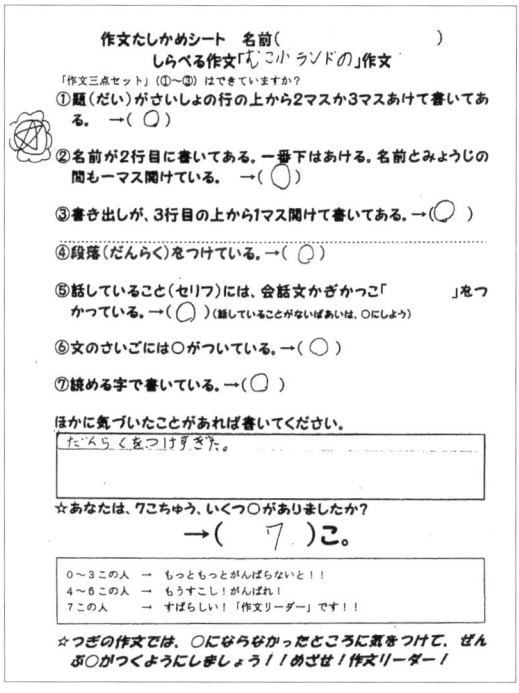

小学校2年生「作文たしかめシート」の例

> **ポイント**
>
> 子どもが自分で作文を振り返る時間を設定しよう。
> 「作文リーダー」の認定で、
> 子どもたち同士で高め合う！

第3章　もっと"書く力"をつける「作文レシピ」！

11 作文の評価基準

学校での「作文(書くこと)の評価基準」を決めて
全学年で取り組み、指導を継続させていきましょう。

作文力確認調査・到達度調査

1学期に各学年の「作文力確認調査」、3学期に「到達度調査」を導入すると子どもたちは変わります。できている子どもの数を数え、数値化するのです。以下はその観点です(あくまでも森川の私家版です)。

〈分析の観点(評価基準)〉
1年生
　①句点をつけて書ける　②促音・拗音を間違えずに書ける
2年生
　①3点セット(「題名」「名前」「書き出し」)が全てできている
　②促音や拗音を間違えずに書ける　③会話文「　。」が使える
3年生
　①3点セット(「題名」「名前」「書き出し」)が全てできている
　②促音や拗音を間違えずに書ける　③会話文「　。」が使える
　④段落分けができている
4年生
　①3点セット(「題名」「名前」「書き出し」)が全てできている
　②促音や拗音を間違えずに書ける　③会話文「　。」が使える
　④段落分けができている
　⑤文体(常体・敬体)を統一している

> 5、6年生
> ①3点セット（「題名」「名前」「書き出し」）が全てできている
> ②促音や拗音を間違えずに書ける　③会話文「　。」が使える
> ④段落分けができている　⑤文体（常体・敬体）を統一している
> ⑥結論と理由が書き分けられている「〜である。なぜなら…」
> ※1〜4年生は「〇年生になって」（1学期）、「〇年生を終えて」（3学期）というテーマで作文を書かせ評定する。
> ※5、6年生は「〇〇についてあなたの考えを書きなさい」というテーマで作文を書かせ、評定する。
> ※1年生は3学期のみ実施する。

　これらの観点は、主に記述面をピックアップして決めたスタート段階のもので、現在も改訂しながら実施しているところです。

　確認・到達度調査をすることのメリットは大きく2つあります。

> ①基準がそのまま1年間の作文指導の基準となり、指導することがとても明確になる
> ②「この学年はここまでできている」ということが明確になり、次の年への学習の引き継ぎが具体的で、それまでの指導を"つなげて"いくことができる

　自校の評価基準をぜひ設定してみましょう。

ポイント　「評価基準」は指導が明確になり、次学年への学習にもつながる。

12 「つながりのある文章」を書く練習

イラストを使って「つながりのある文章」を
楽しく書かせます。

✎ 「〜と、」を使った文章を書く（光村図書出版）

　光村図書出版、国語2年生（上）の教科書に、「『〜と、』を使った文章を書きましょう」という内容があります。指導事項には「語と語や文と文との続き方に注意しながら、つながりのある文や文章を書くこと」とあります。扱いは小さいのですが、このようなコラム的な内容を活用して楽しく授業することができます。以下は、その際にクラスで行ったときの資料です。絵を描き、「と」に加えて、「ば」も扱いました。

「〜と、」を使った「つながりのある文章」の資料

「〜ば、」を使った「つながりのある文章」の資料

　教科書には上下に絵があり、「上：コップに氷を入れる」「下：水があふれる」といったような絵でした。子どもたちが様々に考えました。「氷を入れると、」→①水が出る。②水がこぼれる。③水があふれる。④水がたれる。⑤水があふれ出る。
　微妙なニュアンスの違う文章がたくさん作られます。そこでまた話し合いになります。自作のイラストを出すとさらに盛り上がりました。文章の作り方に加え、日本語の面白さを実感できる授業ができます。

ポイント
イラストを使い、
つながりのある文章を書かせる。
教科書をを使って発展させると
さらに盛り上がる授業になる！

13 1つのテーマで"2通り"書かせる

思考の幅を広げ、多角的に物事をとらえさせるために、複数の「書き出し」で書かせてみましょう。

複数の観点で書かせることの意義

例えば、大縄大会で見事に優勝して「では、作文を書きましょう」となったとします。子どもたちは各々優勝した気持ちを綴ります。普通は、それで完成したら終わりですが、今回の場合は1つ完成したらもう1つ書かせるのです。最初に「自分目線」で書いたのなら、次は「見ている人目線」で書いてみるのです。1つの事象に対して違った角度から光を当てる訓練になります。そのことは、物事を多様にとらえたり、客観的にとらえたりする機会となります。作文を書くことは文章が上手くなることだけが目的ではありません。「書くこと」は「考えること」です。この場合、書く力の向上と共に、思考力も鍛えているのです。

複数観点の例

以下のような観点を使い分けると、1つのテーマでいくつかの種類の作文が書けます。1つの題材で1つのときとは世界が変わります。

- 「主観」と「客観」
- 同じ内容でも、違うことに目を向ける
  （体育大会なら、「リレー」で書き、「応援合戦」で書くなど）
- 複数観点で物語の「初発の感想」を書かせる

（「ごんぎつね」の初発の感想文を「ごんの気持ちを考えて」書かせ、また、「ごんぎつねの世界の"情景描写"」について書かせる）
・生活科や理科の学習で角度を変えて書かせる
（「春見つけ」で見つけたことを書かせるなら、「春になってきたこと」と同時に「まだ冬であること」も書かせる）
・図工や音楽の鑑賞文で、複数観点で書かせる
（「色について書きなさい」と「絵を見てお話を考えなさい」など）

2通り（数通り）の「書き出し」で書かせる

　書き出しを教師側であらかじめ設定して書かせる、というものです。その書き出しを複数提示します。例えば、社会見学の作文です。
　①「見学した場所の中で一番印象に残ったのは○○である。」で書き出しなさい。
　②「私が見学した３つの場所の中で働くとすれば○○である。」で書き出しなさい。
という具合に、「書き出し」で思考を促していくのです。
　何となく、漠然と書かせるよりも、見学した内容が具体的に浮き彫りになります。こうした視点を持って書いているうちに、自分で観点を定め、書き出していけるようになるのです。

> **ポイント**
> 複数観点で、思考の幅を広げる。
> 押さえたい学習事項に合わせて
> 教師側で「書き出し」を定める。

14 言葉をマッチさせる！『言葉で写真加工?!』

「写真」と「言葉」のコラボレーションです。

写真に言葉を入れていく

例えば、コスモスが一面に咲いている美しい写真を子どもたちに配ります。そこに、「セリフ」や「オノマトペ」を入れさせます。**風景や様子に合った言葉やオノマトペを書き込んでいく**のです。写真ではなく、詩から聞こえてくる音などを書き込ませても面白いです。

国語科のみならず、図工科、社会科の学習としても使える活動です。

社会見学で"オノマトペ"を作る

例えば社会見学などを行った際、子どもたちには色々とメモを取らせます。「箇条書き」を教えておけば、子どもたちは山のようにメモをします。その際、「その場所の『音』も一緒にメモさせる」のです。音も一緒にメモ帳に封じ込めてくるのです。音は、その場所の特徴をよく表しています。音で体感するわけです。そして、時間がたってから、「音から記憶を呼び覚ます。再現する」という見学の仕方です。「五感で実感してくる社会見学」ですね。ここで大切なのは、教師の役割です。教師はここぞという特徴ある場所（音をメモに取らせたいような場所）の俯瞰写真を撮っておきます。さて、学校へ帰ってからです。教師は撮ってきた写真を拡大して子どもたちに1枚ずつ配ります。3カ所行ったのなら3枚はあるはずですから、子どもたちに選ばせます。写真はカラーで

出力するのが一番ですが、時間もコストもかかる、という場合は、１枚印刷してコピーしましょう。次に子どもたちです。メモを見ながらその場所の「オノマトペ」を社会ノートに書き出していきます。その横には状況の説明や解説。「『ドンドン』→圧縮機で缶をつぶす音」「『キビキビ』→お菓子をより分ける人は動きが早い」というふうにノートに書かせます。

　最終段階です。書いたオノマトペを"作り"ます。紙に自分の好きな字体でオノマトペを書き（描き）、色を塗ります。「音の意味」は、写真の中に書けるときはそれでも良いですし、できるときは、Ａ４の写真に、トレーシングペーパーを上にかけ、そこに書かせます。トレーシングペーパーは薄くて透けて見えるので被せたら説明が見える状態になり、めくって後ろにまわせば「オノマトペあり、説明なし」の写真になります。下の写真は町探検で使用した校区の写真を使った作品例です。

写真にオノマトペを書き込んだ例

ポイント
言葉とコラボレーションをする
題材はたくさんある。
様々な場面で「言葉」を
取り出す活動を仕組む。

第3章　もっと"書く力"をつける「作文レシピ」！

15 『観察記録文』を書こう

「観察カード」を基に、記録文に構成します。
書き方の"型"の中に自分の観察が生きる活動です。

「観察記録文」書き方の手順

　観察記録文などを書かせるときは、とにかく「やることが明確になる」ように運びます。どの子も同じ書き方の型を持っていて、観察したことを正確に書き、伝え、残す、ということが目的だからです。まず、構成について板書して説明します。以下は、小学校2年生で行ったトマトの観察記録文の構成です。

〈構成〉
① 何について書くか（はじめ）
② 4つのテーマのお部屋（展開）
　※部屋の内容も順番も固定した。
　※今回は、「数」「形」「感じ」「色」について書く。
　※まず観察カードにそれぞれ色分けして丸をさせた。
③ 何について終わるか（おわり）

次に、"型"の部分を黒板に書きます。

〈型〉
今からトマトの観察記録を書きます。
はじめに、数について書きます。
　[　　　　　　　　　　　　　　　　　　　]

つぎに、形について書きます。
　[　　　　　　　　　　　　　　　　　　　]

そのつぎに、感じについて書きます。
　[　　　　　　　　　　　　　　　　　　　]

さいごに、色について書きます。
　[　　　　　　　　　　　　　　　　　　　]

これで観察記録をおわります。

　四角の部分が自分で書くところです。ここまで細かくすれば、全員書くことができます。左ページの構成②で行った、観察カードに丸をした部分を文章にしていくことになります（94ページ参照）。「丸をしたところが、例えば「35個」とかになっていたら、文にするときに、「トマトの実が35個でした」というふうに書くんだよ。そうでないと、『35！』とか急に言われても読んでいる人はわけがわからないからね。」と説明します。そうして、観察カードと、国語ノートの行き来が生まれます。

> **ポイント**
> 書き方の"型"を明示する。
> 型に、記録したことを反映させていく。

16 『お話（物語）』を書く

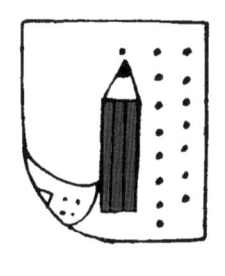

たくさんの本に触れさせて、
子どもにお話作りへ挑戦させます。

✏️ 「多読」と「読み聞かせ」

　まず前提として、子どもたちには「多読」をさせます。教室内にたくさんの絵本を用意してスキマ時間に、とにかく本に触れさせます。そして、教師の読み聞かせをします。教師が自分の好きな本をワクワクしながら読み聞かせをして効果がないわけがありません。子どもは本が好きになったり、本を読もうとしたりします。そのような中で、「お話を書いてみたい？」→「書いてみたい!!」という空気も生まれてきます。

✏️ お話作りの流れ　～5つの観点～

```
1  伝えたいテーマ（主題を一言で表したもの）を考える
2  登場人物を考える
3  ストーリー（事件）を考える
   （①どちらかがもう一方を助ける話　②2人で乗りこえる話　③
   2人が仲良くなる話　④4人が仲良くなる話　⑤毎日の生活にふ
   しぎなことが起こる　ほか）
4  場所を考える
5  言葉を選んで書く
```

この流れで進めます。下の資料は使用した「計画用紙」です。ここにまず書き込ませながら進めます。「人物」の欄は、主人公や脇役に合わせてコマ割りし、イラストと簡単な説明を書かせました。実際に書き出すときは、用紙を見ながら、最初はお気に入りの絵本を真似して書かせると書きやすくなります。このようにすると、子どもたちは楽しみながらお話を書くことができます。さらに、95ページのように表紙と本文も作成するとより盛り上がるでしょう。

お話を作るための「計画用紙」の例

空白部分に書き込ませます。

> **ポイント**
> まずは「お話」を
> 書きたくなる環境作りをする。
> 観点ごとに書く前の準備をする。

◆観察カードと記録文の例

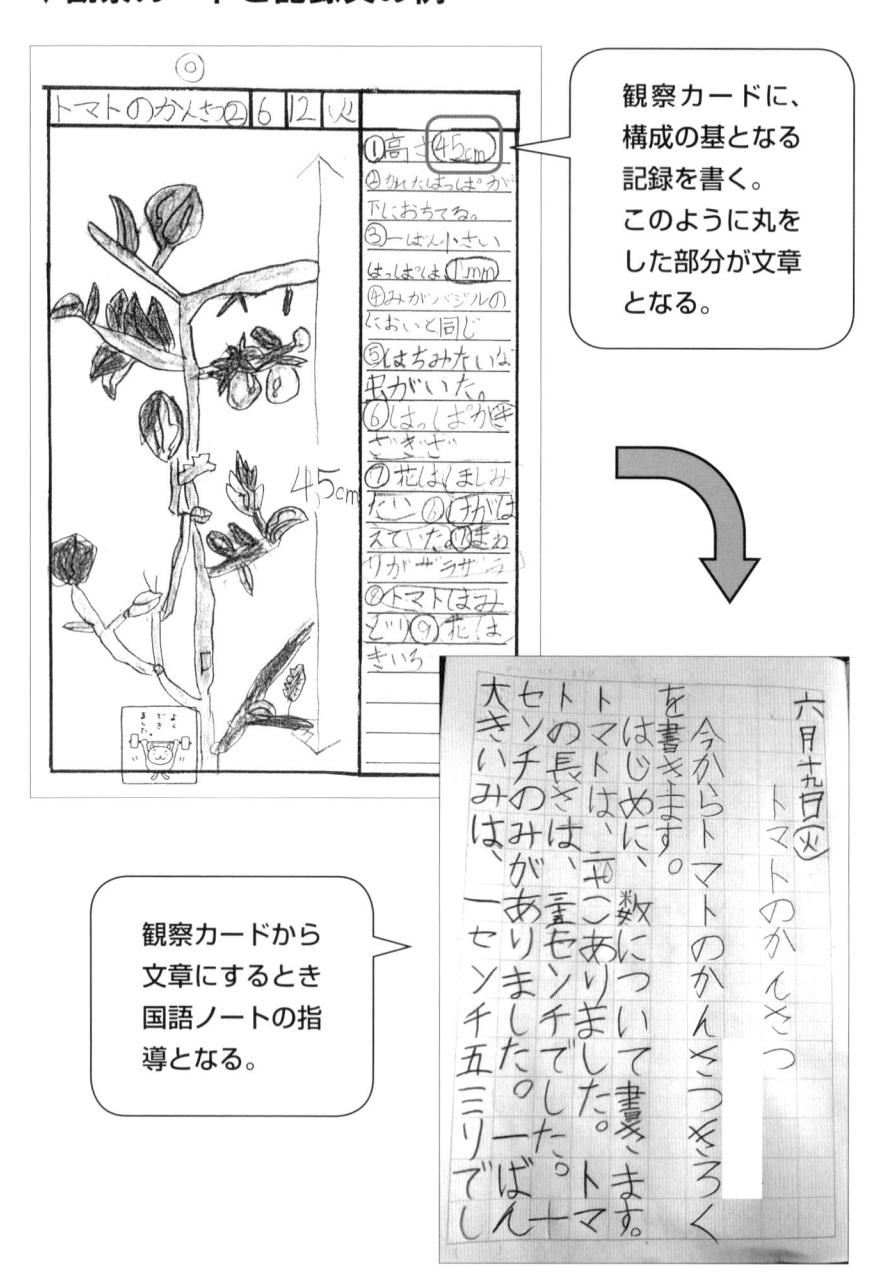

観察カードに、構成の基となる記録を書く。このように丸をした部分が文章となる。

観察カードから文章にするとき国語ノートの指導となる。

(観察カード記載事項)
トマトのかんさつ② 6/12 火
①高さ 45cm
②かれたはっぱが下におちてる。
③一ばん小さいはっぱは 1mm
④みがバジルのにおいと同じ
⑤はちみたいな虫がいた。
⑥はっぱがギザギザ
⑦花はくしみたいのがはえていた。まわりがザラザラ
⑧トマトはみどり
⑨花はきいろ

(記録文)
六月十九日(火)
トマトのかんさつ

今からトマトのかんさつをろく を書きます。
はじめに、数についてかきます。トマトは、平こにありました。
トマトの長さは、言モンチでした。トマトのみがありました。一セン大きいみは、ナ五三リーでした。

◆小学校3年生でのお話作りの実践

このときはあらかじめ絵本用の無地の冊子を利用して、本文と表紙を書かせた。著者紹介まで書かせると面白い。

17 ブックトーク原稿を書く

自分のお気に入りの本を数冊集めて、「ブックトーク」原稿を書かせます。

多読とセットで、ブックトークを

　ブックトークは、簡単に言えば、数冊の本を自分の考えるテーマで集め、概要を語り、自分のオススメの箇所や、感想などを話していく活動です。私も研修を受け、実際に行ってみたことがあります。1つの本をダラダラと紹介せずに、要点やポイントを考えながら説明するブックトークは、お話全体をとらえたり、聞き手意識になったり、話し方の練習になったりと大変有意義なものでした。

　そこで、子どもたちにもブックトークをさせます。正確には"ミニ"ブックトークです。気をつけなければならないのは時間です。じっくりとやり過ぎると、ものすごく時間を要してしまうのです。そこで、パッパッとテンポ良く進めていく必要があります。

　私は毎年多読を子どもたちにすすめています。「読みまくりカード」を持たせ、そこに「何冊目か」「書名」「何がどうなった話か」を書いていくことになっています。それらのたくさんの読書活動と一緒に「ブックトークをしましょう」という流れに持っていきます。

原稿を「書く」こと自体が学び

　ミニブックトークをさせる際には、原稿を書かせます。それをまとめる作業が、「要点をまとめる」「筆者の主張を読み取る」「言い換える」「反

論を考える」など様々な学習になります。まずは、短い絵本のような作品で行わせます。1冊読んだら、「書名」「作者」「登場人物」「誰が（何によって）どうなったお話か」「自分のオススメの箇所or感想」をまとめさせます。ここでも時間をかけ過ぎてはいけません。それよりも"何度も行う"方が効果的です。

次に原稿用紙かノートにつなげて書いていきます。その際は、「接続詞」を入れさせるなどして、文の決まりや構成を指導します。

実際にミニブックトーク会を開いてみる

実際にブックトークの会を開きましょう。一番よいのは、紹介する本を前に広げながら行うやり方ですから、場所は学校の図書館が一番適しています。図書の時間に一人3分ずつ、などと制限時間を決めてテンポよく行いましょう。一度に全員行わずに、「今日の5人」のように行うのも"手"です。こうすることで表現する場と交流の場が生まれます。

> **ポイント**
> 「多読＋ブックトーク原稿書き」が
> 読解・表現力につながる。
> ブックトークをさせるときは、
> 長すぎずテンポよく！

18 共同で読んでいく『ペア書き込み』

詩が印刷された紙を介して、2人で書き込みを行いながら読んでいきます。話し合いにもつなげます。

『ペア書き込み』

今度は、"読むために書く"活動です。詩（短文など）を真ん中に印刷したＡ３の用紙を配ります。そこに、ペアを組んだ子どもがお互いに書き込んでいきます。「好きな部分」「わからないところ」「使われているレトリックについて」など、観点を教師が提示し、それに合わせて書き込みながら話をします。

メリットは、**相手の書き込みをダイレクトに見ることができる**ということです。

書き込みながら考えていくプロセスですが、イメージできない子には"相手の作業を公に見つめておく"というのは安心できますし、参考になります。

そして、全員に活動が保証されます。一人では取りかかれない子も、相手の書き込みを見ることができるので参考になりますから、次に一人でやるときの準備にもなります。共同作業で書くことでお互いが学んでいきます。

終了したら、ペアで話をさせる

書き込み作業を10分から15分くらい行ってから、いったん全員の手を止めさせます。その後、「ではおしゃべりしなさい」と話をさせます。

今度は書かずに、「2人で書いたシート」を見ながら話します。話すときは、一人がだらだらと話さずに、短く切りながら交互に話すようにさせます。こうして、1つの教材に対してペアでずいぶんと内部情報を蓄積したことになります。問題意識も高まりました。そうして次は、全体での交流につなげていくのです。

全体で分かち合う

　全員での交流です。まずどのような話が出たのかを問い、ペアのうちどちらかに発表させることが考えられます。この際、「よく似ている意見」「似ているけれど少し違う意見」「違う意見」などと声かけをして当てはまるものに挙手させ、話をさせていくことで整理できます。発表していない子が出てきますが、書き込みを共同で行っているので、当事者意識を持って授業に参加できますし、全員参加が保証されます。

> **ポイント**
> 共同で書き込みをして、
> 全員学習参加を保証する。
> 書き込みを基に、
> 話し合いにつなげる。

19 文章完成後の交流メニュー！

文章を書かせた後に様々な方法で交流させることで、
他人の作品の良さや自分の作品について深く考えさせます。

『うろうろ読み』

　作文や日記などを書かせたら、様々な交流の仕方で分かち合いたいものです。まずは『うろうろ読み』です。これは、作文を自分の机の上に広げて置き、各々教室内をうろうろしながら仲間の作文を"立ち読み"するというもの。「気に入った作品を見つけてきなさい」とか、「自分の作文と同じような書き方をしている作品を見つけてきなさい」などと**毎回観点を持たせて"うろうろ"させます**。こうすることで、作品（作文）に対する見方が養われます。「同じような書き出しだな」「同じような構成だな」といった**感想を持ちながら人の作品を読むことは、次に自分が作文や日記を書くとき、または文章を読むときに必ず役に立ちます**。

『ペア交換読み』

　ペアで交換して読みます。まずは、席の隣の人同士。読み終わったら挨拶をして（「ありがとう」）、教室の中を歩いて別の人を探しにいきます。また出会ったら読み合う。そのときは、立ち読みでもいいですし、近くに空いている席があれば、そこに腰掛けて読んでも良いとします。このときも、最初に「工夫したところ」を言わせるようにしたり、読んだ後「必ず何かアドバイスをする」や「感想を言う」ようにしたりするなどのルールを決めます。教師の合図で始め、また合図で各々自分の席に戻

らせます。戻ってからは、「どんな作品に出会った？」とか、「どんなコメントをもらった？」とここでも問います。2、3人に発表させ、全体に発言内容をわからせたところで、「ではお隣の人と、回ってきた間にもらったコメントや感想を言い合いなさい」と指示します。クラス全員が話している状態になります。

『自己"作文"紹介』

　自己紹介ならぬ、自己"作文"紹介です。作文を書き上げたら、前に一人ずつ出させて、紹介させます。「題名」「工夫したところ」などを紹介させます。

　説明文や意見文を書いたのなら、「自分の主張」や「構成」について話をさせることもできます。話をしなければならないので、自ずと書く段階から「明確な主張」「構成」などを意識して書くようになります。**"後で紹介がまっている"という負荷を与えることが、書く段階からの意識改革につながる**のです。

ポイント

色々な交流で、
「書くこと」への意識改革！
交流が次の「書くこと」へ
つながるようにしよう！

20 『分析文』を書く

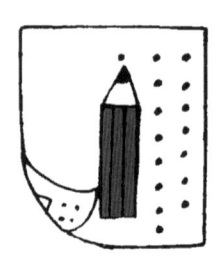

「分析文」を書かせて言葉にこだわる態度や、
論理的な文章を書く技能を身につけさせましょう。

文章の記述に敏感な子に育てたい

　たった１つの言葉で文章の意味は大きく変わってしまう。そのようなことを敏感に感じ取れる子を育みたいものです。そのために分析文を書かせています。論理的な文章を書く、という練習にもなります。右ページの実物ノートは、教育出版、国語４年生（下）の教科書に出てきた「二つのことがらをつなぐ」の単元を扱った際に書かせた、初めての分析文です。

　教科書では次の文の（　）に、「ので」と「のに」を入れて比べてみましょうというのがありました。

> 子犬はボールをとってきた（　）お母さんにしかられた。

　このような教科書教材を分析文に利用します。１字違いで全く意味が変わる文章です。このときは、本来の教科書の「つなぐ言葉」のねらいを学習させた後に、分析する文の書き方を一緒に教え、ノートに書かせました。"抱き合わせ"学習です。右のノートの子どもは、記述の間違いや若干意味の取りづらい部分もありますが、言わんとしていることはわかります。このようにして、**言葉の小さな変化、１文字にこだわる分析文の学習を短く何度か行っていきます**。何度か行うと「分析しなさい」という作業指示だけで、子どもたちは黙々と書くようになります。

　また、物語文の記述を抜き出して教師が変更したものと比べさせたら、

原文に使われている表現の有用性を実感できる授業にもなります。例えば光村図書出版、国語３年生（下）『三年とうげ』には「さきみだれました」という表現があるのですが、「さいていました」に変えて提示し、**ニュアンスの違いを分析文で書かせる**といったものです。

分析文の例

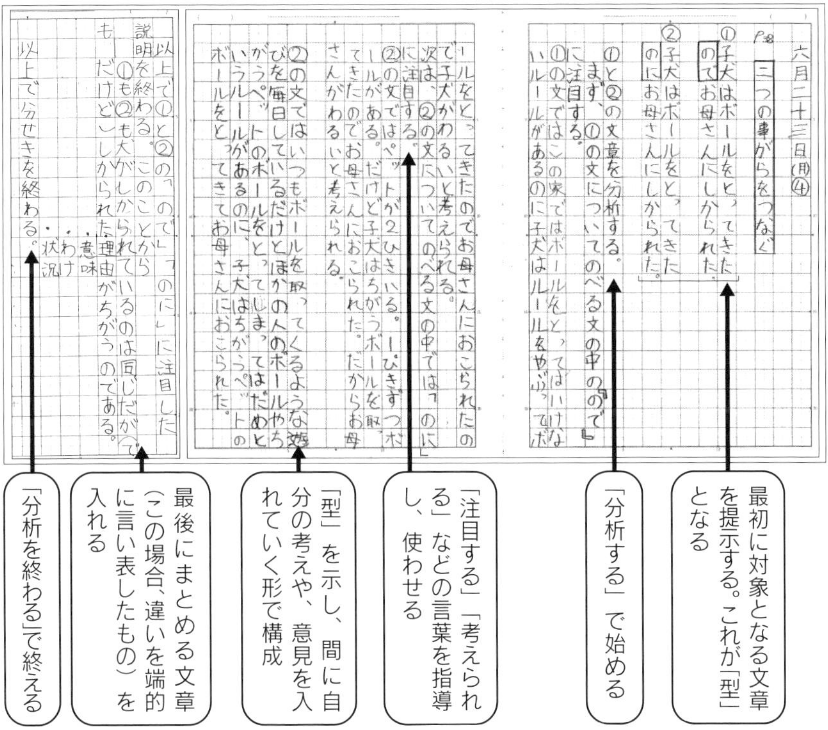

六月二十三日(月)④
二つの事がらをつなぐ
P58
①子犬はボールをとってきたので お母さんにしかられた。
②子犬はボールをとってきたのに お母さんにしかられた。
①と②の文章を分析する。
まず、①の文についてのべる文の中の『ので』に注目する。
①の文では、この家ではボールをとってはいけないルールがあるのに子犬はルールをやぶってボールをとってきたのでお母さんにおこられたので子犬がわるいと考えられる。
次は、②の文についてのべる文の中では「のに」に注目する。
②の文ではペットが2ひきいる。1ぴきずつボールがある。だけど子犬はちがうボールを取ってきたのでお母さんにおこられた。だから母さんがわるいと考えられる。
②の文ではいつもボールを取ってくるような遊びを毎日しているだけとほかの人のボールやちがうペットのボールをとってしまってはだめというルールがあるのに、子犬はちがうペットのボールをとってきてお母さんにおこられた。
以上で①と②の「ので」「のに」に注目した。
説明を終わる。このことからも①も②も犬がしかられているのは同じだが(で)も―だけどしかられた・理由・意味・わけ・状況がちがうのである。
以上で分せきを終わる。
最初に対象となる文章を提示する。これが「型」となる
「分析する」で始める
「注目する」「考えられる」などの言葉を指導し、使わせる
「型」を示し、間に自分の考えや、意見を入れていく形で構成
最後にまとめる文章（この場合、違いを端的に言い表したもの）を入れる
「分析を終わる」で終える

ポイント

教科書教材を「分析文」の題材にする。
言葉に敏感な子を育てよう！

21 効果のある「個別指導」

作文の「個別指導」は観点を絞って指摘し、
ノート指導は妥協せず徹底的に。

「個別指導」で終わらない工夫

　作文指導の中で行われる「個別指導」があります。この個別指導の時間も、そのまま個別指導としての効果だけに止めずに、全体への派生を考えて指導することも大切です。

　子どもたちは、前に呼ばれた友だちが何を言われているのか良く聞いています。それを利用するのです。**「個別指導」では、"その子だけに伝えればいいこと"と"その子と全体にも関わること"の区別を意識**して行います。

　例えば、誤字脱字などは、その子自身に教えればいいことです。しかし、原稿用紙の使い方などで、「ああ、これは他の子も間違っているだろうなあ」というとき。全員手を止めさせてまで話すには流れを止めてしまう、というときは、「全員を意識した個別指導」を発動させます。

　(作文を書き始め、シーンとした空気の教室の中で)「〇〇さん、ちゃんと会話文が長くなったときは次の行に行ったら１マス空けているね。すごいなあ。」のように声をかけます。みんなに聞こえるような声で言うのです。作文を書いているときはシーンとしているので、よく響き渡るでしょう。

やる気をそがない「個別指導」

　よく日記や作文を見ているときに、子どもが書いている文章であれもこれも気になってしまい、"赤"を入れたらよいのかどうか迷うことがあります。私はまず観点を与えているならそれについて、赤を入れます。そのときに明らかにわかっている誤字脱字は消して横に書いてあげます。しかし他のことはあまりやかましく言いません。次に書く気が失せてしまうからです。"きちんとし過ぎる"ことが、必ずしもプラスの効果を生むということにつながらない場合もあります。**指摘は明確に、そのとき受け取ってほしい項目に絞った方が効果的**でしょう。

　さて、ノート指導は話が別です。ノートのフォーマットに合わない場合は、最初のうちは、徹底して書き直しをさせます。書いた内容ではなく、書き方のルールについての場合です。それと、字についてです。「きれいに書けなくても丁寧に書きなさい」という声かけをします。それで、教師に持ってこさせて、丁寧に書けていなかったり、明らかに違う書き方をしていたりしたら、「残念！」と書き直しをさせてもう一度提出させます。チェックするときは、教師の前をどんどん通過させるようにしてチェックします。

　このように指導の仕方を使い分けることで効果を生み出せるのです。

ポイント

個別指導も全体指導のうち！
「日記」「作文」と、「ノート」の
個別指導は使い分けを！

22 「話す」と「書く」連動レシピ『連続おしゃべり』

テーマを与え、短い時間でおしゃべりさせます。
その内容を基に話の要点を記録させます。

様々な「テーマ」について、連続でどんどん話す

　今度は、「話す」訓練のレシピを紹介します。合わせて「書く」活動として、話したことや聞いたことを記録していきます。

　まずは「話す」活動についてです。教師が黒板におしゃべりをさせるテーマを書きます。例えば「遊び」と板書します。机を向かい合わせて隣同士ペアになります。「はじめ！」の合図で2人でおしゃべりします。一人にだらだらと長く話させないようにします。2、3分で教師は黒板に次のテーマを書きます。「スポーツ」という具合です。そして手をたたきます。その合図で、子どもたちは次のテーマを見て新たに話し始めます。教師が手を叩くまで、おしゃべりは止めてはなりません。そうして4つか5つのテーマでひたすらおしゃべりさせます。

この活動で入れる「書くこと」

　3つくらいテーマをこなしたら、一度ストップさせて、「記録」を書かせます。私は原稿用紙で行っています。

　書かせるときは、「箇条書き」です。ここで長い文章を書かせるといったことをすると、活動のスピード感がなくなり、面白くなくなります。この活動の肝は"矢継ぎ早にやっていく盛り上がり感"です。それに、ここで「記録」を書かせるのは、要点をとらえながら話を聞く力を身に

つけさせるためです。端的に"何の話か"ということを箇条書きにさせることが大切です（下の例参照）。後は「話す」ことの訓練。とにかくどんどんしゃべらせましょう。もちろん、楽しい雰囲気の中でです。

他の活動につなげていく

　国語の授業での話し合い活動では、最終的には「仲間の話をつなげていく」という展開が望まれます。そのために、「何が言いたいか言える人？」などと声かけをし、今回の訓練的な活動が実践で生かされていくように仕組みます。この活動で話の「反射力」をつけ、次へとつなげていきます。

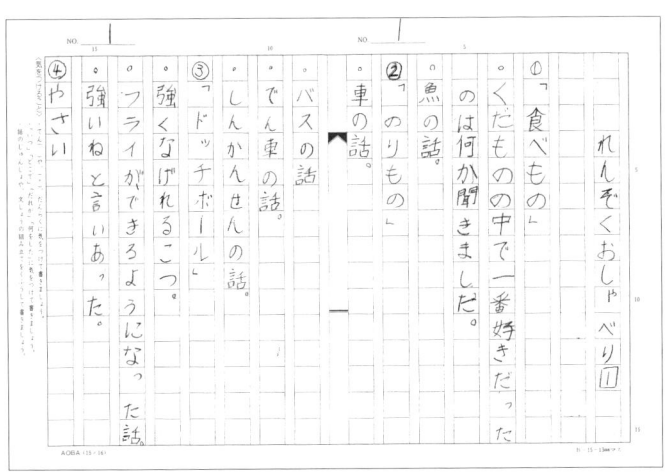

『連続おしゃべり』の例

ポイント

矢継ぎ早に「おしゃべり」をさせ、
話の「反射力」をつけさせる。
記録との連動で「話の要点」を
つかむ練習を！

第4章

楽しく"書く力"をつける ノート指導と 「バラエティ日記」

1

「愛着ノート」を作る

「家で捨てられました」というノートにさせないように、最初のノート指導を徹底させます。

ノートは思い入れのあるものにさせる

　子どもたちには、思い入れのあるノートを作らせたいものです。学びの格闘があるノート、自分の思考が残るノート、遊び心があるノート…。ノートに思い入れがあれば、簡単に「家で捨てられました」という事態も防げるはずです。まずは、こう語ります。「先生のクラスではノートはとっても大切な物です。自分の頭の中が見えるすごい物です。どんどん自分の考えを書いていけるノートにしよう。簡単に捨ててしまえるようなノートにはしません。」。

ノート指導は最初が肝心

　全ては最初のノートチェックにかかっています。子どもたちは、「この先生はここまでやらないとだめだ」「これくらいならスルーしてもらえる」ということを敏感に感じ取ります。最初に"ちょっとくらいいいか"と見逃してしまうと、取り返すのに大きな労力と時間を要します。当たり前のようなニコニコ顔（←ここがポイント）で、「丁寧に書き直しておいで」と告げます。最初に教師のところに持ってこさせたノートチェックで、です。そこで、"あれ？　今年は違うな"となるのです。

ノート作りの観点

　子どもたちに、ノートに書かせるときは以下の10点を少しずつ伝えます。①日付　②課題を定規を使い赤で囲む　③意見を書いてから、訂正するときは消さずに文頭に×をつけ、隣に新たな意見を書く　④マス目つきのノートにし、いつでも原稿用紙の感覚を養う　⑤見やすいノートにする　⑥プリント類は貼る　⑦自分が考えたことや、友だちの意見などをメモする「メモ欄」を設けることもある　⑧矢印や、イラストを効果的に使う　⑨自分なりの工夫で、ノートテイクを遊ばせる　⑩丁寧に書く（112〜113ページ参照）。

　これらの観点を"消化"するごとに子どものノートは見違えるように良くなります。

> **ポイント**
> まず最低限のルールを徹底させる。
> 自分なりのノートに
> カスタマイズさせよう！

◆ノート作りの例

> ノートの上の空白部分には、いつも「評価」を書かせる。花丸やA、Bなど簡単な評定を教師が伝え、子どもが自分で書く。

> その日の課題を赤で囲む。定規を使わず書いた子を見逃さない。まずこの基本を押さえる。

> 「観察記録」を国語ノートに書くときもある。観察は「理科」、まとめるのは「国語」という学習活動も珍しくない。使い終わったノートは教室の後ろに立てて集めておき、学年の最後に返す。

> 基本は、自分が見返してもわかるように。文末に丸がない子は多い。意見を書かせ、ノートチェックをするときは、そこも見て、丸がない子には再度つけてから持ってこさせる。ノートは定期的に点検を。

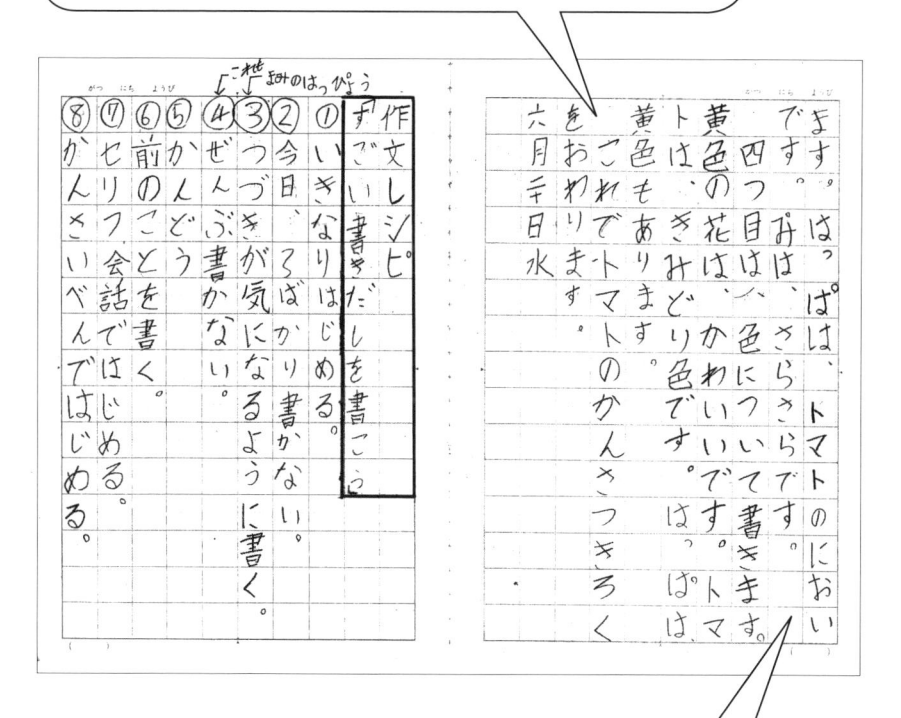

2 ノート見開きのまとめ

単元のまとめを見開き2ページでさせます。
毎回「観点」を伝え、取り組ませることで、まとめる力がつきます。

単元のまとめとして

　私は理科や社会などの単元が終了したらテストの前に、「単元全体をノートの見開き2ページにまとめる」という学習活動を行っています。子どもたちはこの活動が大好きです。しかし、大好きになる理由は、「評定」があるからです。書かせているだけでは好きにはなりません。

〈見開き2ページまとめ指導〉
① 教科書、資料集などの範囲を告げる
② 「まとめる観点」を示す
　「日付、名前」「題、見出し、小見出し」「字の丁寧さ、見やすさ」「調べた事実」「自分の意見」「デザイン（キャラクター、装飾文字）」「インターネットや本からの引用」「全ての記事に自分の意見が入っている」などを1回につき1つか2つ。
③ 「評定の観点」を示す（ノートに書いてあげる）
　C（やり直し）B（がんばろう）A（合格）S（すばらしい）
　K（まいりました：「まとめる観点」が全て入っている。）
　その回の「観点」が入っていればAとなる。
④ 過去の見本を見せる

　このような流れで「見開き2ページ」はスタートします。「まとめる観点」と「評定」があるからこそ、子どもたちは燃えます。そして何に対して力を入れたらよいのかがわかります。観点は教師が伝えたことを

入ればよいとします。「観点」を示して「評定」。このことで活動が"何でもあり"でなくなります。毎回入れる観点は１つか、２つです。最終的には全ての観点がそろいます。

ノート見開きのまとめ例

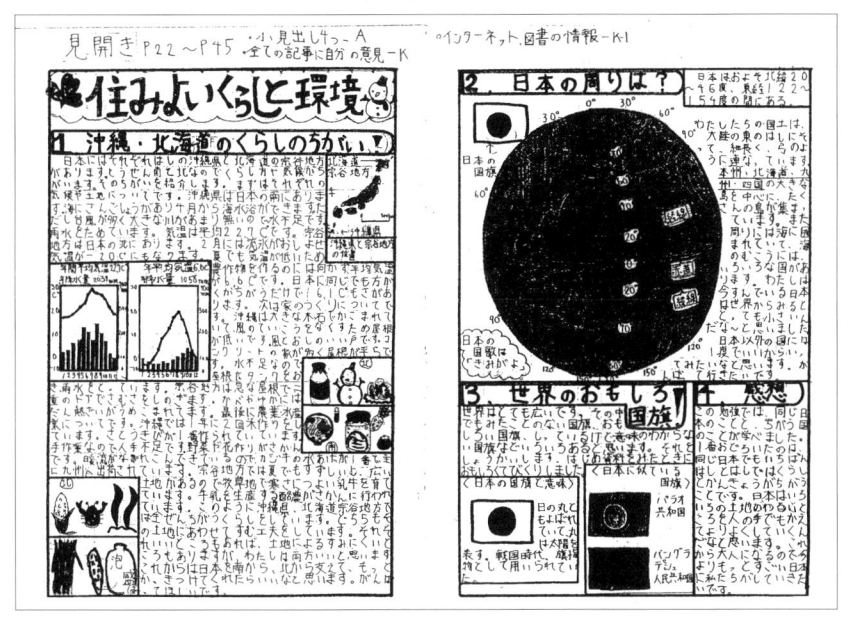

ノートの上部にその回の「範囲」と「観点」が書かれている。

> **ポイント**
>
> 単元のまとめを見開き２ページで！
> 毎回「まとめる観点」を示し、
> 評定をする。

第４章　楽しく"書く力"をつけるノート指導と「バラエティ日記」　115

3 『聞き取りノート』の作り方

教師が子どもの日記や作文を読み聞かせ、
子どもにメモをとらせます。メモを基に短く感想を書かせます。

聞き取って感想を書く時間を持つ

「聞き取り」とそれによる「メモ」という行為に特化した活動です。「聞き取る力」「要点を抜き出す力」「メモする力」を鍛えます。全体で10分くらいで行います。

まず教師は子どもの日記や作文、学習成果物を読み聞かせます。それを聞いて、子どもたちは感想で取り上げたい部分をまずメモします。その後、教師の合図で時間を短く区切って感想を書くのです。感想は3分くらいで書かせます。毎日続けさせるとメモする力や書く力が伸びます。

時間内に書く・自分が書ける分量を知る

もう1つの効用として、「時間内に書く」という力をつけさせることができます。だらだらと長く書かずに、パシッと言いたいことを書く、そのような態度の育成です。

また、「自分が書ける分量を知る」ということも大切なことです。この活動は、5分なら5分で切り、メリハリをつけて行うことがポイントです。実際に行えば実感できますが、教室の空気はピンと張り詰めます。子どもたちは良い緊張感を持って取り組んでいます。仲間の作品を真剣な眼差しで聞いています。他にも、詩や短文などを読んで書かせることもできます。高学年なら、ちょっとした意見文などを読んで「賛成か反

「対か」を書かせる練習にもなります。

『聞き取りノート』の例

【ノート例（右側）2/17(火) 一つの花 ( )さん】
① 大人の言葉
② 話がかわるとき
③ 友だちの意見をさんこうにしている。

〇〇さんは大人の言葉にていて、「である。」「だ」をれんばつしてカッコよかった。
話がかわる時「話がかわったという」ことがすぐにわかった。話がかわったかどうかわかりやすいと思う。

- 日付・お題・感想を聞く相手の名前
- 聞きながら箇条書きでメモをする。ここではまとまった感想は書かない。
- 箇条書きを見て感想を3〜5分で書く。

【ノート例（左側）2/9(木) ①はたらく自動車 ( )さん】
① どのようなどんな
② 説明がわかりやすい
③ 気になりませんか「二階にのぼりたくなりませんか」
④ 長くて細かい。

友だちの意見を聞いて考えているところがいい。

「どのようなどんな」がいっぱいつかわれていて、一つ一つの車の説明が長くてわかりやすい。
あと、気になりませんか「二階にのぼりたくなり…

- 別の回の聞き取りノート。「聞き取りノートタイム」は、5〜10分以内で終わるようにする。短く、毎日のように何度も行う。
- また、書かれた感想を毎回数名に発表させれば、書き方の参考にもなるし、作品の評価の時間にもなる。

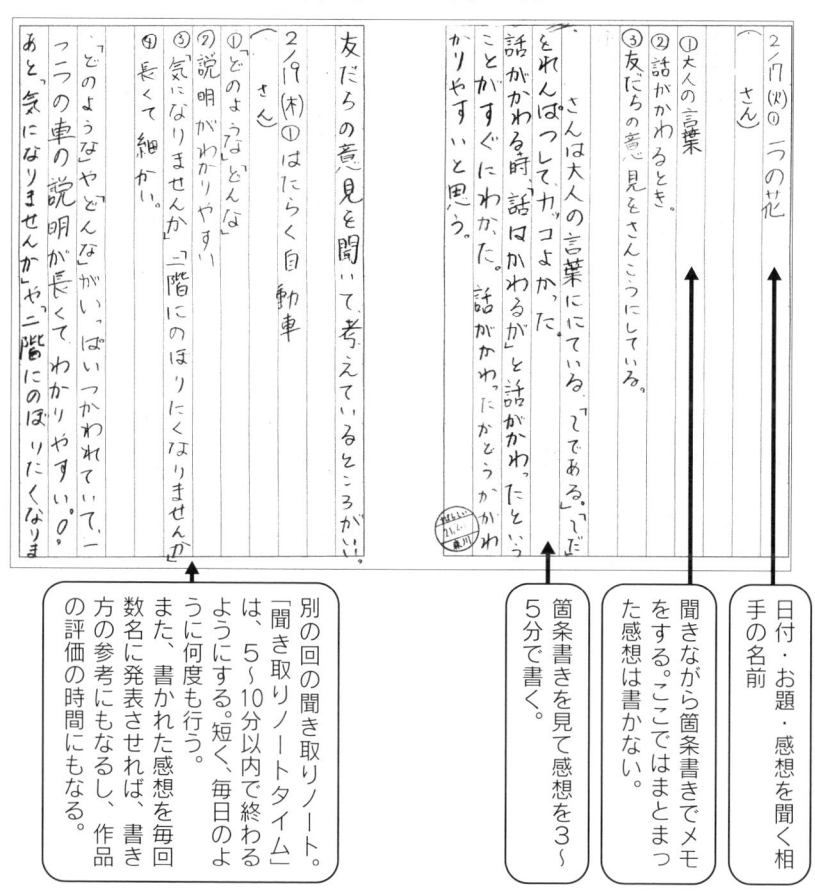

ポイント
"聞き取り感想文"を書かせよう！
「聞き取りノート」で要点をメモする力、時間内に書く力をつける。

4 熱中！『バラエティ日記』

「様々に書き遊ぶツール」として日記を導入し、楽しく書かせて楽しく紹介しよう。

「日記」＝「ダイアリー」という意識を捨てる

　基本的なことですが、「日記」というと、まだまだ「日々のことを綴るもの（ダイアリー）」という認識があります。しかし、学校で子どもたちに書かせる日記はもっと大きなくくりのもので良いのです。「日記」とは、「様々に書き遊ぶもの」だというのが、私の認識です。日記でどんどん日常的に書く場面を作っていく。そして、日記で様々なことに気づいていく。それが目的です。

熱中！「バラエティ日記」の内容とシステム

　「様々に書き遊ぶもの」である「日記」を、私は「バラエティ日記」というふうに呼んでいます。大きな特徴は以下です。

①バラエティ豊かな「日記のお題一覧表」をノートに貼らせ、書くときは自分で考えたお題や一覧表から選んで書く
②日記には担任の先生より賞がつけられる
③「日記プリンセス」や「日記クイーン」などの段位が認定される
④教師は日記の「コメント」よりも「紹介」を重要視する

　まず一番の特徴は「お題一覧表」です。「書くことがない」という声

が聞こえてこないように、「一覧表」を作って配り、その中から書けそうなお題を選んで書いたらいいよ、と話します。自分で考えて書ける子はそれでいいですし、一覧表を拠り所にして書く子もいます。"書き出せる"ということが大切です。

　日記が提出されたら、教師は「グランプリ」「プチグランプリ」「バラエティ賞」などの賞をつけて返します。賞と共にシールを日記帳の表紙に貼ってあげます。子どもたちの日記帳にはどんどんシールがたまり、その枚数で、今度は段位が認定されるシステムです。私の場合は、現在は以下のようにしています。

> ・シール100枚以上　⇒　「日記プリンス」「日記プリンセス」
> ・シール200枚以上　⇒　「日記キング」「日記クイーン」

　日記を書かせたら、「口頭での紹介」の時間を大切にしています。もちろんコメントも毎回書きますが、それよりも毎日少しずつでもたくさんの子の日記を紹介することで笑いが起こり、教室があたたかな空間となります。日記はクラス作りにも一役買ってくれるのです。それに「口頭での紹介」の評価が中心なら、教師も続けることができます。

　「日記指導」の一番のヒケツは、"教師が続けること"です。次のページでは、さらに細かい内容を書いていきます。

ポイント
どの子も"書き出せる"
日記指導にしよう！
楽しく書く場面、楽しく気づく場面を
作り出す日記指導を！

5 『バラエティ日記』の進め方と「お題一覧表」

「バラエティ日記」はまず教師が続けることから。
お題も随時更新していこう。

どのくらいの頻度で書かせるのか

　前項でも書きましたが、日記指導のヒケツは「続けること」です。それも教師がです。そのためには、むりのない程度に書かせていくのがオススメです。私の場合は、１週間に一度くらい。もちろんもっと書きたい、という子には好きなように書かせます。それに、日記はできるだけ２冊持たせると、担任が預かっている間も書くことができます。そのような環境が整うならば、もう１冊日記帳を持たせるのも手です。

お題一覧表

　お題は、取り組む先生方が「マイ一覧表」をクラスの子の実態に合わせて作れば良いのですが、ここでは私の使っている一例をあげておきます。お題はもちろん子どもから提案されることもありますので、それらを入れながら学期ごとに改訂版を出すなど、クラスの財産のように使っていくと良いと思います。お題の入手先ですが、50～51ページに書いているように「季語辞典」や「国語辞典」「外来語辞典」などの辞典類でヒントを得ることができます。バラエティに富んだ、楽しいお題を子どもたちと一緒に開発して、マンネリを防ぎ、"日記の鮮度"を保ちましょう。

バラエティ日記お題一覧表（一部）

1	なりきり作文	21	四コママンガ
2	調べて書く	22	宝くじで３億円あたったら
3	俳句・短歌・川柳	23	生まれ変わるなら
4	美味しかったレポート	24	つらくなったらココへ行け！
5	楽しかったレポート	25	給食突撃レポート
6	何でもランキング！	26	何でもオノマトペで表す！
7	ニュース番組風に書く	27	ありえない道具開発！
8	漫才やコントの台本	28	○○新聞発行！
9	分析文を書く	29	クラスメイトメンバー紹介！
10	物語を書く	30	「ことわざ」特集！
11	絵本を書く（リライトも）	31	ステキな言葉あります
12	パロディ（話の改作など）	32	深い話
13	「○○のコツ」シリーズ	33	私のすべらない話
14	遊び大辞典！	34	ローマ字日記
15	してはいけないことシリーズ	35	鑑賞文
16	私の説明書作成	36	紀行文
17	友だち紹介文	37	読書感想文
18	思い出した話	38	思い出し怒り！
19	面白エピソード	39	未来日記
20	痛かった思いで	40	名言・迷言？つくっちゃおう！

ポイント

無理なく続き、
飽きなく続くシステムを作ろう。

◆小学校2年生の日記例

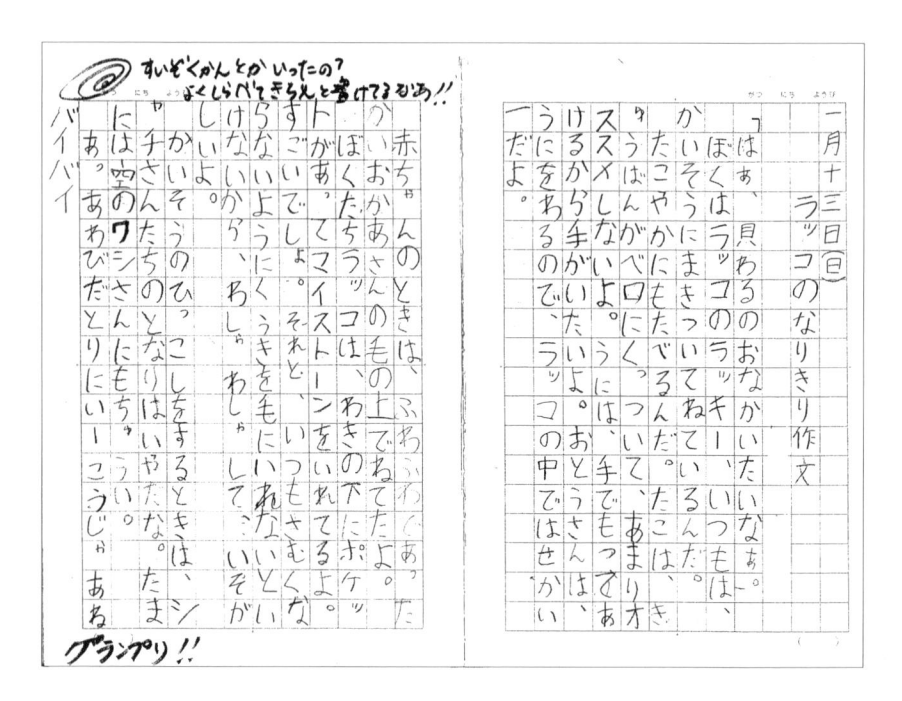

一月十三日（日） ラッコのなりきり作文

ぼくは、ラッコ。
かいそうにまきついてねていたいつもねむい。
「うたばんにきいてるんだ。」
タヌキがいった。
ススメが、ラッコのおなかにのっていた。
うるさい、手でおいはらうよ。
「だによ。」
わるのが、いやなんだ、ラッコ。

すごくおなかがすいてきた。
赤ちゃんのときは、おかあさんの毛の上でねてたよ。
ぼくたちラッコは、わきの下にポケットをいれてるよ。
それと、いつもうきわをもにいれないとしずむらしいよ。
けいよう、いつくしょ。
しないよ、マイストーンをよくあらう。
しなかったらよく、うきわをもにいれないと
ちいさんたちのひっこしをするときは、
やはねのとりはいやだな。
バイバイあのワシさんにもうこうじゃある

先生コメント：
すいぞくかんとかいったの？
よくしらべてきちんと書けてるなあ!!
グランプリ!!

2年生の日記です。お題は「なりきり作文」。実際に調べたり、体験したりしたことを基に書くと、ただなりきって書くのとは違ってきます。
観察したことなどを「なりきり作文」で書かせるとひと味変わります。

◆さらにこんな日記を書く子もいます！

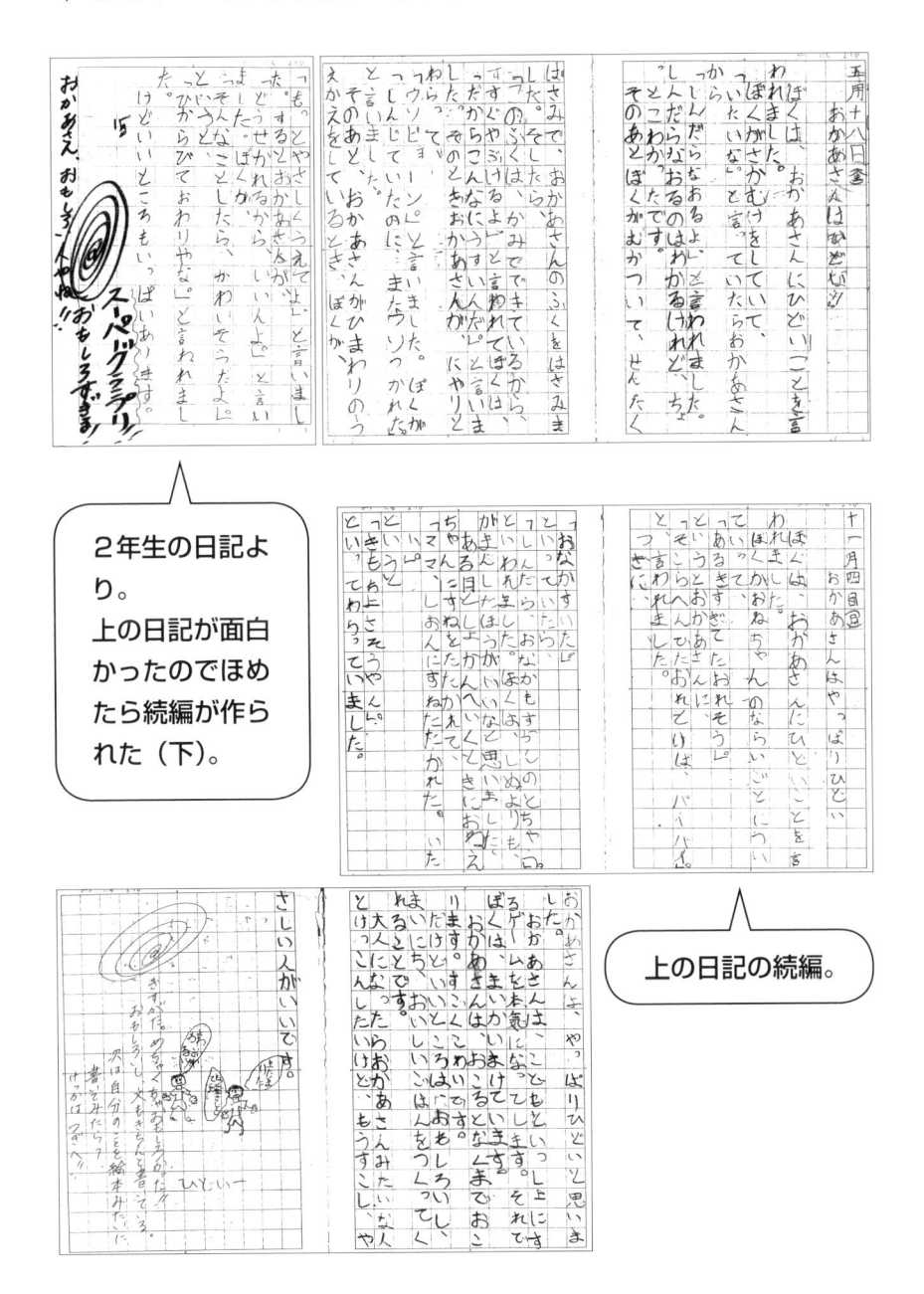

> 2年生の日記より。
> 上の日記が面白かったのでほめたら続編が作られた（下）。

> 上の日記の続編。

第4章　楽しく"書く力"をつけるノート指導と「バラエティ日記」

6 日記を活用しつくす！

日記帳は様々に言葉を集めるフィールドになったり、復習の場所になったりします。

日記を"言葉"と遊ぶフィールドに！

 「バラエティ日記」は、生活を記録しておくだけのものではありません。「言葉遊び」「言葉集め」など、「言葉と遊ぶツール」としても活用します。例えば、辞書引きした言葉を日記帳に書かせる。季語を日記帳に集めさせる。書かせたら、教師が1つひとつコメントしなくても子ども同士で交流させるやり方があります。「お隣の人と、昨日のテーマでおしゃべりしなさい」と言い、テーマが「季語」なら、どんな季語があったかをまずお互いに話し、次に書いていなかった知らない季語を書き合います。
 ただ、ここでも時間を区切ってパシッと行うことが大切です。「おしゃべりの時間は5分です。知らない季語があったらもらいなさい」と言います。

日記で復習を！

 国語科で習った言語事項などを復習するのにも「日記」は適しています。例えば授業で「様子を表す言葉」を学習させ、「ことわざ」に触れたとします。その際には、「様子を表す言葉を入れて文章を書いてきなさい。」とか、「お家の人に知っていることわざを聞いて日記に書いてきなさい。」などのように、ことあるごとに「日記に収集してこさせる」ということができます。その日記を教師が紹介すれば、各々の家庭での

学習ややり取りが交流されることになります。

日記帳が他教科との橋渡しになる

　社会科で日記帳に、「武将日記」を書かせます。こういうことを日記帳で行っておくと、次から自主的に枠にとらわれない日記を書いてくる子が出ます。
　日記帳は他教科での活動を支えるものにもなり、橋渡しにもなるのです。

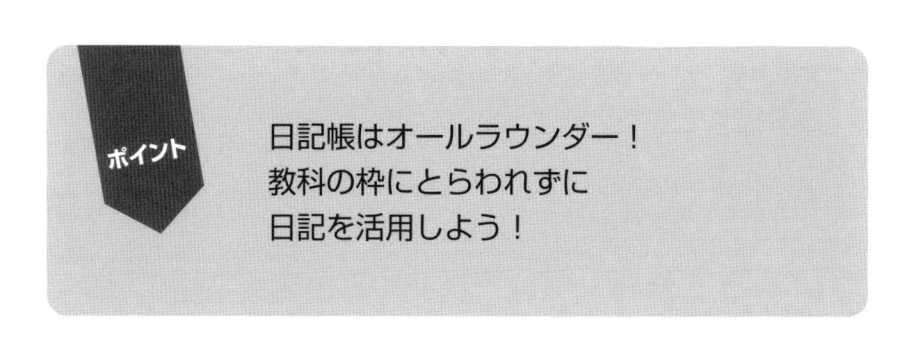

> **ポイント**
> 日記帳はオールラウンダー！
> 教科の枠にとらわれずに
> 日記を活用しよう！

7 「日記の振り返り」を書かせよう

日記活動の集大成として、
自分の日記活動を振り返る時間を持たせましょう。

日記の振り返りを

　学期の終わりや、1年間の終わりに、日記の活動を自分で振り返る「日記の振り返り」を書かせましょう。日記活動のモチベーションアップにつながります。また「一覧表」としてまとめさせることもできます。

　一覧表には、「もらった賞の名前」や、「お気に入りの日記の題」をまとめさせたりします。「感想」に加えて、「後輩へのアドバイス」などを書かせると、客観的に日記活動を振り返ることができます。マンネリになりがちな日記指導ですが、様々な楔(くさび)を打っていることで、常に生き生きと取り組ませることができますし、次の活動へのやる気につながります。さらにクラスに紹介することで、仲間の取り組みを知ることにもなります。

ポイント

日記活動を振り返る機会を持つ。
クラスに紹介すれば、
仲間の取り組みも知ることができる!

◆「日記のまとめ」例

日記のまとめの「一覧表」。小学校2年生なので簡易版です。

```
日記のまとめ一らん表    4さつ
                     2年 1組
あなたのシールの枚数は？    136枚
自分のお気に入りの日記の題 BEST 5!
1  シナモンのある1日
2  2-1生がく日記
3  なりきり日記 木の目
4  明日はバレンタイン
5  森のどうぶつ学校
日記のかんそう!!
私は日記をはじめ書いた時しょうをとった。私は、
なんでグランプリじゃなかったのは何むだろう。と考えた
らピンときました。もしかしたらふつうすぎるのかもし
れない。そして、3位に入っているなりきり日記 木の目
みごとグランプリをとれました。あまりでない
…はいまでは、3まいもゲットしました。それからは、休
…う日記が大好になりました。1位の作品では、7
…、2位の作品では、8ページです。日記大好き。
```

4年生に書かせた日記についてのまとめ。

```
4年2組大辞典  私にとっての
              日記    作者（  ）

私が日記を好きになりはじめたのは4年生です。最初は、「宿題に出るものと
思っていました。でも今はちがいます。私にとっての日記は「私が好きなものの中の
ことも」と思っています。私にとって、日記が好きなのは、森川先生のおかげです。最
初はあまり日記というのがすきではありませんでした。でも森川先生の作
文シピがおもしろくてできました。一年間たのしくすごっていたら、しだい
に作文力がみについきました。日記をつけはじめ、かき出しがうまくなったり、人と
はちがうアイデアがみについたり、なるほどと思うようなことがうまくなった
どしかがけるようになりました。日記をはじめる前までは、「思いついたらかく」と
文しかかけませんでした。でも日記というのは、できごと、感想な
くとなんかきもちよくなります。日記は、学校ではおしえてくれない
ことをおしえてくれます。はっそう力をみにつけたり、がく
力、○○だったら、こう思うだろうのそうぞう力をみにつけることがで
きます。この1年で、日記のそんざいが私の中で大きくなりました。これ
が私にとっての日記です。
今の力をあげつつ、しょうらい、いっぱい日記をかきたいです。
```

第4章　楽しく"書く力"をつけるノート指導と「バラエティ日記」　127

◆ 「日記の振り返り」の例

日記について自分の思うところを自由にまとめさせました。小学校4年生。「日記」から「書くことそのもの」へと思考が移りかわっています。
日記は、「書くことそのもの」の行為と向かい合うことができるのです。

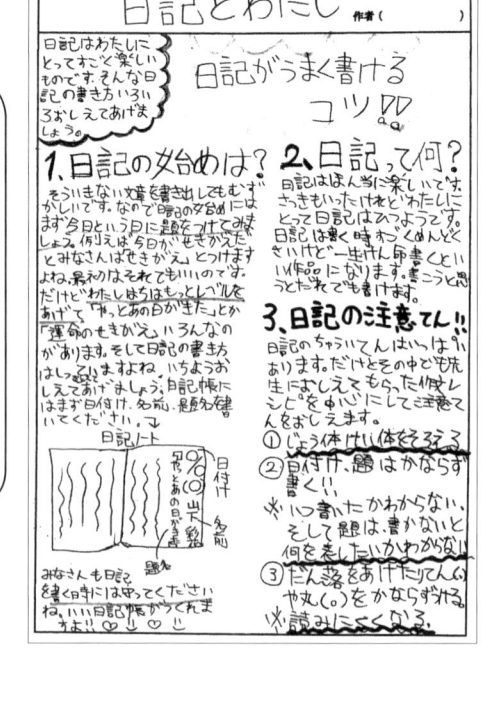

◆さらにこんなまとめも！

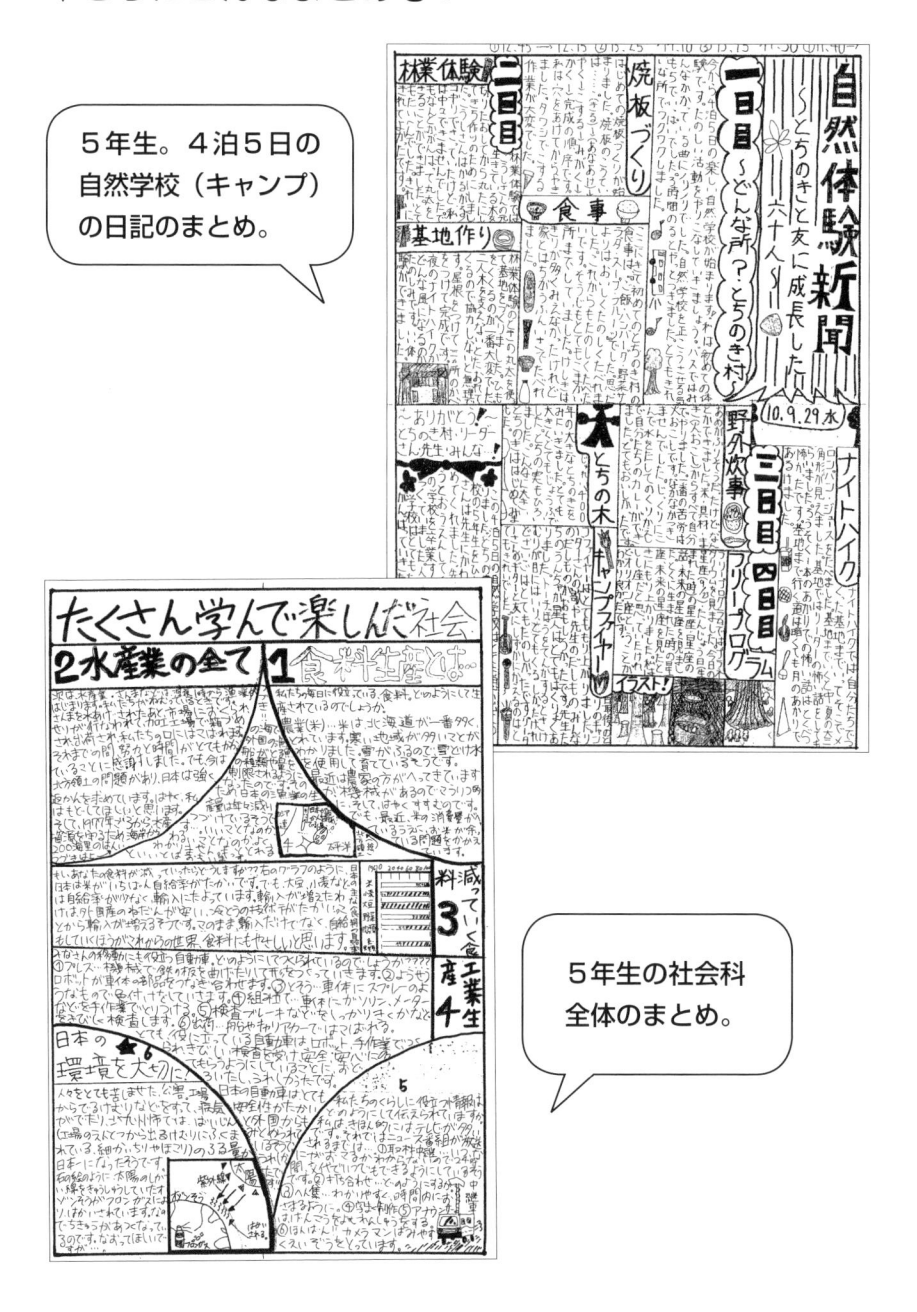

5年生。4泊5日の
自然学校（キャンプ）
の日記のまとめ。

5年生の社会科
全体のまとめ。

8 『バラエティ日記』様々な"オプション"！

コメントや賞授与の"オプション"で
日記指導を盛り上げましょう。

コメントと賞について　～子どもたちが熱中する仕掛け～

　コメントは、基本的には長く書かずに、「内容について」「書きぶりについて」、**端的に書きます**。「先生も海釣りでカレイを釣った！」「先生が好きなネタはマグロですな!!」とか、「書き出しがセリフでびっくりです」「詳しく書けていてとてもわかりやすかった」などです。前にも書きましたが、これに賞がつく場合があります。「バラエティ賞」なら、「カレイやったぜ！　賞」などです。後は教師の主観で「プチグランプリ」や、「グランプリ」を授与します。書くときは水性の赤マジックなどが良いでしょう。目立ちますし、裏にうつりません。

　また、日記の内容によって、ビッシリと返事を書くこともあります。子どもからの相談であったり、悩みが書かれていたりするなどの場合はそれに応じて、きちんと教師の考えていることを伝えます。バラエティ日記は**書き言葉を通して教師と子どもが対話する場**でもあります。

　日記の盛り上がりにとどめを刺す（？）のが、表彰システムです。学年末に表彰状を出します。余力があるときは、表彰状をラミネート加工することもあります。現在私のクラスは、以下の基準で行っています。

- ・シール100枚以上 ⇨ 日記プリンス・プリンセス ⇨ 表彰状贈呈
- ・シール200枚以上 ⇨ 日記キング・クイーン ⇨ 表彰状と金メダル贈呈

これを書くとライバルを増やすようで嫌なのですが（笑）、100円ショップに金メダルが売っています。見つけたときはまとめて即買いです（笑）。最近は裏に貼るシールがついている物もあり重宝します。子どもたちはもらうと大喜びです。やるからには、徹底的に！！

　ただ、注意したいのは、"何か物を渡す"ということについてです。学年で話し合ったり、きちんと検討した上でトラブルがないように行ってください。「金メダルをあげること」が目的ではありません。"標準装備"する必要はなく、あくまでもオプションなのですから。

表彰状の例

> **ポイント**
>
> 日記指導を盛り上げる"オプション"を設定し、子どもを日記に熱中させる！
> 日記指導もやるからには徹底的に！

◆子どもたちの日記・ノートのまとめ作品紹介！

その子らしさが出る日記・ノートのまとめを紹介します

> 小学校2年生の日記より。お題は「私の説明書作成」。バラエティ日記の一覧表に入れていたもの。

> 金子みすゞを学習したときのまとめ。自作の詩も入れ、その解説もつけさせた（5年生）。

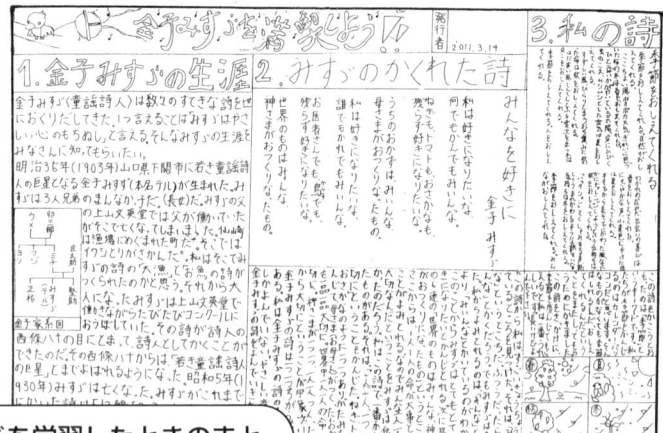

第5章

「書くこと」で
よりよい学級に

1 教師自身が"書き手"になる
① 『授業記録』『学級便り』

教師自身が毎日少しずつ記録を書いたり、
学級便りを書いたりしましょう。

電子メモ帳を使って「授業記録」を書く

　子どもたちに「書くこと」の大切さ、必要性を語るとき、教師自身が「書き手」であることは、大きな説得力になります。何より、「書くこと」は教師にとっても自分を高めてくれる大きなツールです。まずは「授業記録」を書くことから始めてみましょう。何も細かくたくさん書く必要はありません。ここでも「続くこと」重視ですすめます。

　子どもたちと「さようなら」の挨拶を交わした後、そのまま教室でその日の授業記録を書くのです。①「日付」　②「１時間目から行ったこと」または「その日の内のピックアップ事項」　③「１日の感想」のように３項目、これだけは書こうと思うものでよいのです。書き癖をつけると、物事を常に"アウトプットする形"で意識するようになり、次の仕事に生かせます。

　ここで重要になってくるのが「何に書くか、何で書くか」ということです。私は電子メモ帳を使って打ち込んでいます。私の使っているタイプは、キーボードがついており、２秒で起動。打ち込んだら、マイクロＳＤに記録されます。後はパソコンに取り込めば、すぐに学級便りにもなります。

　また、「毎日必ず書く」ということを決めて「３行授業記録」という形で続けることもできます。「今日も全員出席。国語のスイミーで場面分けをしたが、意見が分かれる。ドッジボールは、極度に苦手な子がい

るので配慮必要。」などです。

✏️ コピー機能を利用して「学級便り」を作る

　学級便りは、自己満足で出すものですから、出そうが出すまいがどちらでも良いものです。しかし、私はあえて出すことをおすすめします。学級便りを書くことは、とても良い文章修業になります。子どもたちも配られると目の色を輝かせて読んでくれます。人の目にさらされる文章を書くことは、自分だけしか見ない文章を書くことより、ずっと負荷がかかります。

　サイズは自分が出しやすいもので構いません。Ｂ５サイズなら、コンパクトにその都度出せます。号数も増えていくので、モチベーションアップにもなります。また、用紙全部を自分の字で埋めるのは最初は大変です。しかし、子どもたちの作文や絵などの作品を入れれば、スキマに文字を挿入する感覚で作れますので続きます。その際は、コピー機の集約モードを使えば、４枚の原稿を瞬時で１枚にしてくれます。集約した原稿同士をさらに集約すると１枚の紙にたくさんの作品を短い時間でまとめることができます。当たり前のことですが、１つひとつコピーを取っている人も多いようです。楽しみながら効率よく仕事する方法を模索すると良いでしょう。

> **ポイント**
> 毎日少しでも書いて、"書き癖"をつける。
> 効率よく、自分の足跡を残す「学級便り」を修業の場に。

2 教師自身が"書き手"になる
②『メモ術』

教師が"メモ魔"になると、子どもにその"オーラ"が伝わります。

"マイメモ帳"を携帯してメモ魔になる ～メモの効能～

　私の著書では必ず出てくるのが、「メモの話」です。教師はメモ魔でありたいものです。**メモは最大の教師修業**ですから。

　まずどのようなことをメモするのかですが、「子どもたちの面白い発言、つぶやき」から始めます。毎日メモを持ち歩き、「お！」という言葉に出会ったら、すかさずメモします。貯金していくイメージで書きためていきます。私は学生の頃からナンバリングしてメモを取ることを続けています。今まで続けてきて実感しているのが、**「子どもの"つぶやき"が聞こえてくるようになる」**ということです。子どもの言葉をメモしていく行為が、常に子どものつぶやきに対して"フラグが立っている状態"となり、メモを取る取らないに関係なく、様々な場面で子どもの声が聞こえるようになるのです。

メモを続かせるコツ

　メモとペンを常に携帯していることと、ナンバリングするということが大切です。メモの種類も同じものに統一するとナンバリングしてたまっていく過程を楽しめます。ちなみに、この原稿を書いている時点で私のメモ帳は大学生のときから数えて134冊目になります。何があってもメモ帳たちだけはなくせません。余談ですが、**メモ帳を書いている**

姿を子どもに見せることも効果があります。「先生がメモを取っていること」＝「すごいこと」という認識が子どもの中にはあるので、「先生これメモ取らなあかんのちゃう？」と子どもたちに言われる始末です（笑）。メモを取らないと落ち着かなくなるほどまでに、メモを定着させましょう。

メモを取る人の行動記録（箇条書き）

　「話しながらメモを出す」「ここでも?!　というところでもメモ」「メモに書く字は本人しかわからない」「スタンプを押しに行って急に消える」「人の話をメモするときは、ちゃんと相手の顔も見ている」「もう一度絶対に見たいページには大きな"折り"を入れている」「メモを取って聞くと、相手も10％増しで話してくれると知っている」「メモの効能はメモを取らないとわからないと知っている」「1冊のメモ帳に全てを書いている」「自分だけのマークを使い分けている（ネタ、子、企画）など」「携帯電話の送信フォルダには、ネタを書き込むための新規保存メールがある。月が変われば自分のパソコンにメール送信。ネタ帳が月に1冊できあがる」「忘れるために書く」「アイデアは2秒で忘れるから書く」「メモの話をするときは目が2割増しで輝いている」…。
　さあ、やる気が出ました？

> **ポイント**
> メモを取り続けると、子どものつぶやきが聞こえるようになる！
> 子どもにメモさせる前に、
> まず自分がメモをする！

3 「書くこと」でクラスを変えていく

「書くこと」で成功体験を実感させ、何にでも
モチベーション高く取り組めるクラスを作りましょう。

「え〜」から「さあ」の意識レベルへ

「では作文を始めます」と教師が言ったときに、「え〜」という声が聞こえたら、それだけで教室の空気が変わります。テンションが下がります。その空気を作り出さないように全力を尽くすことは第1章に書きました。1年間を通して「書き出せる」身体を作っていくと、書くことに迷いがなくなります。教師が「分析文を書きます」と言っても、サッと意識が"さあ、どのような活動かなあ"という方に向きます。「え〜」か「さあ」、この意識レベルの違いはクラスの雰囲気に大きく関わってくるのです。さあやろう！　という子たちが、シーンとした教室の中で鉛筆を走らせる。その光景を目の当たりにすると身震いします。この空気がまた、子どもたちを変えていくのです。

成功体験を具体的に実感できるのが「書くこと」

「書くこと」に対する迷いのなさは、他の活動に対しても高いモチベーションで臨んでいける空気を生みます。「今から草抜きに行こう」とか、「今から調理実習に行こう」というときも同じようにモチベーション高く行動できるようになるのです。

「作文が抵抗なく書き始められる」という具体的な成功体験が、一人ひとりの意識を変えるからです。「これも頑張ろう」「それも頑張ろう」

というように。

　「書くこと」は小さな成功体験を何度も本人に実感させることができる活動です。そのこともあって、私は特に力を入れて指導したいことだと実感しています。それによって、クラスが変わっていきます。「書くこと」指導をクラス作りの柱にしているのです。

「書かれた作品」の紹介でクラスが根明(ねあか)になる

　「作品」がまた、クラスの明るい空気を作ります。日記や感想文、お話作りなどで生まれた作品を紹介します。そのときに決まってクラスは笑いで満たされます。

　学級経営を考えるとき、「全員で笑う場面」はとっても大切です。全員で笑い合ってこそ心がつながっていくのです。一緒に笑うときに、心の距離は近くなります。「書かれたもの」はその媒介をしてくれます。別項にも書いていますが、「わかちあい」が重要です。教師が満面の笑みで作品を紹介しましょう。ワクワクしながらユーモアたっぷりに紹介しましょう。その度にクラスの「根明メーター」の針は急上昇して、クラスをあたたかで、知的な空気が満たします。

> **ポイント**
> 「え〜」から「さあ」へ！
> 「書くこと」は成功体験実感の
> 最適ツール！

4 子どもと先生を成長させる『マイ言葉辞典(発展形)』

3学期、最後に取り組む
「自分」や「仲間」を見つめるレシピです。

✏️ 自分を見つめる。仲間を見つめる

　マイ言葉辞典を1年間続けてきたら、必ず最後に書かせるお題があります。「自分」と「森川先生」と「○年○組（自分のクラス）」です。

お題「自分」

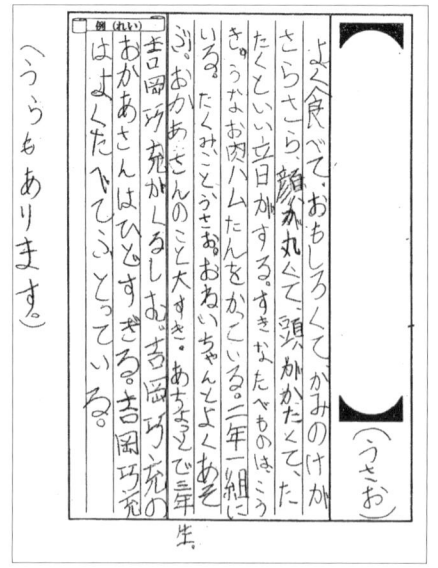

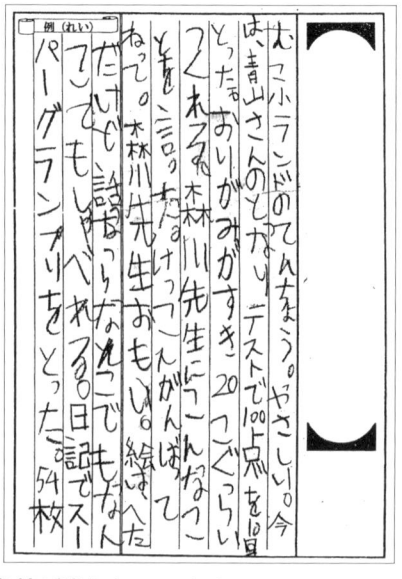

（うさお）

よく食べて、おもしろくて、かみのけがさらさら。頭がわれて、たくさい。立日がするぐらいきょうなお肉ハムたんをかぞうな、くいる。二年一組にいる。たくさんのことが大すき。あまえんぼう。おかあさんのこと大すき。あまえんぼうで年生。吉岡巧充がくるしおね。吉岡巧充。おかあさんはひとすぎる。ふくしまはよくたべふとっている。

（うつもあります）

（れい）

むかし、小ランドにのってんちゅう。やさしい。今は、青山さんのとなり。テストで100点を10回とった。おりがみがすき。20こぐらいつくれるようになった。森川先生におもいきっていがんばった。絵かいた。読書もたくさん。それで、ほめてくれる。日記でスーパーグランプリをとった、54枚

最初の空欄には、自分の名前が書かれています。
微笑ましくて思わずニッコリしてしまいます（小学校2年生）。

お題「森川先生」

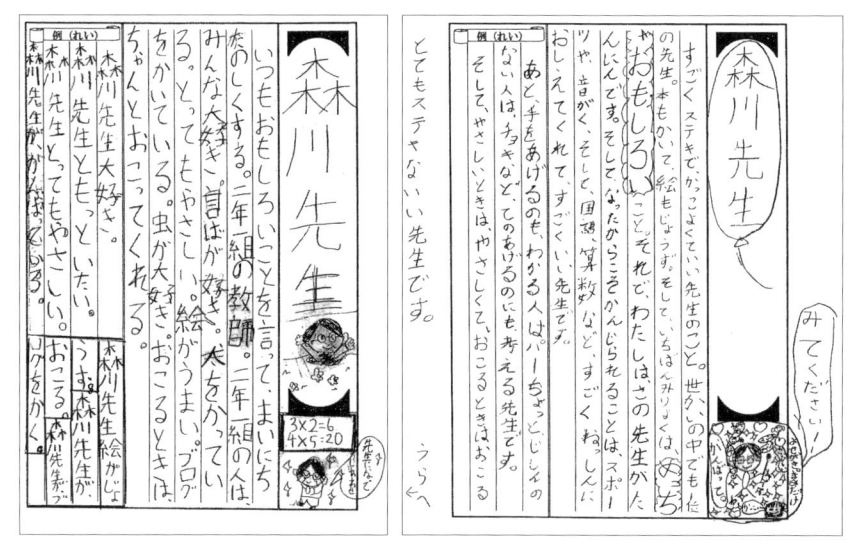

例(れい)の作文画像

私のことで恐縮ですが、読んでいて、心の底から頑張ろう！
という気持ちにさせてくれます（２年生）。

　私はクラスを「最後にどのような記述が出てほしいか」で逆算して作っていきます。この『マイ言葉辞典（発展形）』に、それまでの私との関わり、仲間との関わり、そして自分の成長がもろに出るからです。

> **ポイント**
>
> "３学期こう書いてほしい"から
> 学級経営は出発する！
> "先生をやってて良かった"と思える
> 作文レシピです！

第5章　「書くこと」でよりよい学級に　141

お題「〇年〇組（自分のクラス）」

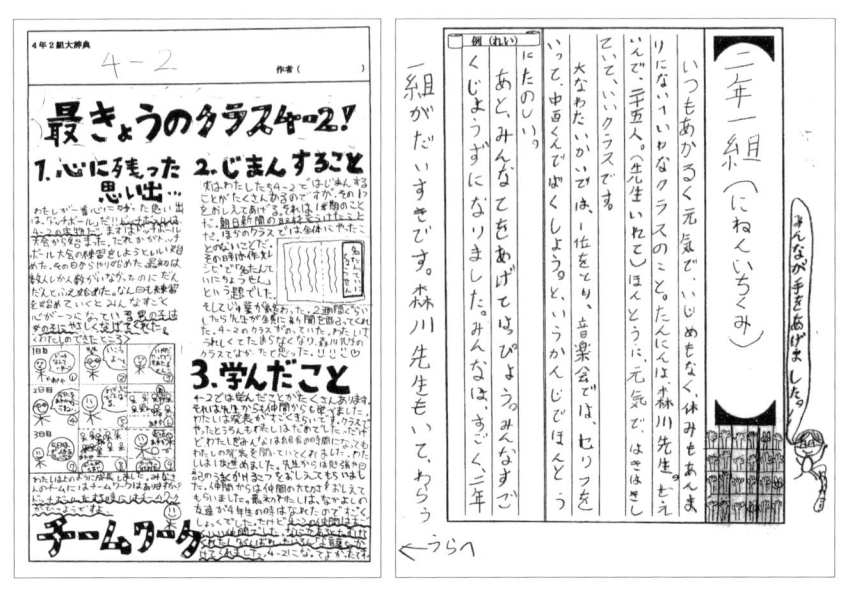

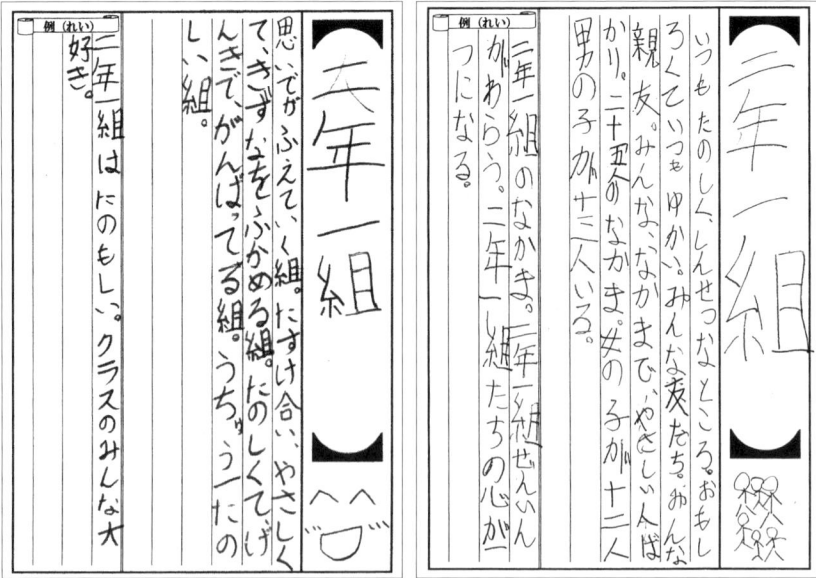

クラス全員が自分のこと、仲間のことを考えて熱心に書きました。
まさに、書くことで自己や仲間を見つめているのです。

おわりに

　書くことは、上質のエンターテインメントだと思っています。
　知的な遊びです。
　子どもたちには書き遊んでほしいと思っています。
　何だか書いていて楽しい。何となく書いてしまう。空気を吸うように書く。給食を食べるように書く。そのような状態です。
　子どもたちに「書くこと」の魅力を伝えたい。いつもそう思っています。

　今、子どもたちは日記の中で"書き遊んで"います。
　様々なお題で、様々な時間に書いています。
　絶滅動物について見開きでまとめるのが日課になった子がいます。
　クラスの仲間のことを一人ずつ紹介している子がいます。
　毎日のように俳句を書く子がいます。
　兄弟の"観察記録"を書き続けている子がいます。
　連載小説を続けている子がいます。
　子どもたちは"熱中"の名人です。
　遊びの達人です。
　それは、「書くこと」を「遊び」にしたときも同じでした。私の想像をはるかに超えて書き遊んでいます。

　これからも子どもたちの姿に真摯に学びながら、「書きたくてたまらない子」を育む夢を、追い続けたいと思います。
　最後になりましたが、本書をまとめるにあたり、学陽書房の上島悠花氏には色々とお世話になりました。心より感謝とお礼を申し上げます。

　　　　　　　　　　　子どもたちの"分身"の日記帳を前にして
　　　　　　　　　　　　　　　　　　　　　森川正樹

著者紹介

森川 正樹（もりかわ　まさき）

兵庫県生まれ。兵庫教育大学大学院言語系教育分野（国語）修了、学校教育学修士、兵庫県尼崎市立武庫小学校教諭。全国大学国語教育学会会員、日本国語教育学会会員、国語教育探究の会会員、基幹学力研究会幹事、教師塾「あまから」代表、難波読書会「月の道」主宰、「教師の笑顔向上委員会」代表。国語科の「書くこと指導」「言葉の指導」に力を注ぎ、「書きたくてたまらない子」を育てる実践が、朝日新聞「花まる先生」ほか、読売新聞、日本経済新聞、日本教育新聞などで取り上げられる。県内外で「国語科」「学級経営」などの教員研修、校内研修の講師をつとめる。社会教育活動では、「ネイチャーゲーム講座」「昆虫採集講座」などの講師もつとめる。

〈主な著書〉
『あたりまえだけどなかなかできない教師のすごい！仕事術』（東洋館出版）
『クラス全員が喜んで書く日記指導―言語力が驚くほど伸びる魔法の仕掛け』
『先生ほど素敵な仕事はない?!―森川の教師ライフ＝ウラ・オモテ大公開―』
（以上、明治図書）他多数。

ブログ：『森川正樹の"教師の笑顔向上"ブログ』http://ameblo.jp/kyousiegao/

どの子も必ず身につく　書く力

2013年8月7日　初版印刷
2013年8月14日　初版発行

著　者────森川正樹
発行者────佐久間重嘉
発行所────学陽書房
　　　　　　〒102-0072　東京都千代田区飯田橋1-9-3
　　　　　　営業部　電話 03-3261-1111　FAX 03-5211-3300
　　　　　　編集部　電話 03-3261-1112
　　　　　　振替　　00170-4-84240
カバーデザイン／笠井亞子　イラスト／かつまたひろこ
DTP制作／メルシング　岸 博久

印刷／加藤文明社
製本／東京美術紙工
©Masaki Morikawa 2013, Printed in Japan
ISBN978-4-313-65246-0 C0037
乱丁・落丁本は、送料小社負担にてお取替えいたします。
定価はカバーに表示してあります。